道路与桥梁工程技术的
创新与发展

张建恪　裴承润　卜志强　主编

吉林科学技术出版社

图书在版编目（CIP）数据

道路与桥梁工程技术的创新与发展 / 张建恪，裴承润，卜志强主编 . -- 长春：吉林科学技术出版社，2023.6

ISBN 978-7-5744-0616-2

Ⅰ．①道… Ⅱ．①张… ②裴… ③卜… Ⅲ．①道路施工②桥梁施工 Ⅳ．① U415 ② U445

中国国家版本馆 CIP 数据核字（2023）第 130206 号

道路与桥梁工程技术的创新与发展

主　　编　张建恪　裴承润　卜志强
出 版 人　宛　霞
责任编辑　王天月
封面设计　树人教育
制　　版　树人教育
幅面尺寸　185mm×260mm
开　　本　16
字　　数　200 千字
印　　张　9
印　　数　1–1500 册
版　　次　2023年6月第1版
印　　次　2024年2月第1次印刷

出　　版　吉林科学技术出版社
发　　行　吉林科学技术出版社
地　　址　长春市福祉大路5788号
邮　　编　130118
发行部电话/传真　0431-81629529 81629530 81629531
　　　　　　　　　81629532 81629533 81629534
储运部电话　0431-86059116
编辑部电话　0431-81629518
印　　刷　三河市嵩川印刷有限公司

书　　号　ISBN 978-7-5744-0616-2
定　　价　80.00元

前　言

　　随着我国科学技术的不断发展，在道路与桥梁工程施工过程中运用到越来越多的先进技术，提高施工水平的同时提高了施工质量。作为交通运输体系的重要组成部分之一的道路与桥梁工程，其施工技术决定着施工质量。先进的施工技术虽然可以给道路与桥梁工程带来一定的帮助，但是企业也不能满足现状，需要不断地加强对道路与桥梁工程的研究。不断地发展才不会被时代抛弃，不断地发展使道路与桥梁建设更上一层楼，并能有效地推进我国的建设发展，可以说百利而无一害。

　　我国现如今的理念是可持续发展，可持续发展战略如若想用在道路桥梁工程项目中，就需要工程从施工技术到施工材料及施工工艺等方面都要注重，这样才有可能落实发展可持续发展战略。施工现场的不可抵挡的变化因素以及施工环境的不同，施工团队需要在施工过程中针对可变因素以及现场环境进行合理有效的施工，同时要将节能环保的理念渗透其中，这样才能顺应时代发展。换句话说，即使在施工过程中遇到突发事件也需要有一定的应对策略，要积极有效地去解决问题，而不能互相推卸责任。解决的同时要注意控制施工成本，但要保证施工质量。施工过程中尽可能多地使用节能环保的材料，比如低合金钢材料。这样才能让施工工艺与技术同时发展并不断完善，这也为施工材料提供了更多的渠道，确保道路桥梁工程在施工过程中的顺利进行以及跟随时代潮流顺应时代发展。

　　综上所述，我国的道路桥梁工程虽然基本已经跟得上时代发展，得到一定进步，但是在发展过程中难免出现一些问题，这些问题如果得不到有效解决，道路桥梁工程就会止步不前，得不到有效的提升。所以相关企业需要注重对现状剖析，找出问题并解决，要有明确的发展方向，秉着可持续发展和节能环保的理念，充分发展创新道路桥梁建设，使其在我国社会发展中更上一层楼。

目　录

第一章　道路建设

第一节　村内道路建设与管护

"要想富，先修路"。村内道路建设是村镇道路的延伸，是直接服务于农村、造福于农民的基础设施，是一项民心工程、民生工程。2019年中央一号文件指出："实施村庄基础设施建设工程，加强村内道路建设，健全村庄基础设施建管长效机制"。目前，全国99.6%的乡镇和99.47%的建制村通了硬化路，但村内道路建设滞后，道路缺乏有效管护。加快构建"多方参与、布局合理、供需衔接、管护高效"的村内道路建管机制则具有重要意义。

一、村内道路建管的制度变迁

村内道路是指在农村范围内，用于自然村间、田间道路交通运输，并在国家道路网络体系之外，以服务于农村农业生产为主要用途的道路（含机耕道）。根据2017年国土资源部组织修订的国家标准《土地利用现状分类》，南方村内道路宽度≥1米、≤8米，北方宽度≥2米、≤8米。各地结合实际，根据其地理条件、社会经济发展水平建立了不同的村内道路建设标准。如江苏省徐州市规定，村内主干道的路面宽度一般不低于4米，水泥混凝土路面面层厚度不低于18 cm，沥青混凝土路面面层厚度不低于4 cm。

新中国成立以来，我国村内道路建设与管护大致经过了以下四个阶段。

（1）村集体自我供给阶段（1949—1957年）。这一时期，村内道路停留在局部、小范围、自发式建设阶段，主要是靠农民自我供给，通过将农民在较大范围内动员和组织起来，用劳动力最大限度替代资金的道路。

（2）公社统一供给阶段（1958—1978年）。该时期村内道路建设与管护没有进入国家公共财政支出系统，仍以人民公社为主体。人民公社具有统一管理劳动力、大规模调动劳动力的权力，因而可以组织大量劳动力参与村内道路建设。在计划经济体制条件下，村内道路建设与管护实行的是自上而下的供给决策机制。

（3）村集体自我供给阶段（1979—2005年）。这一阶段，村内道路建设由镇村组织实施，建设资金来自农民。村内道路建设仍然承袭了以往时代的自上而下的决策机制，但一些经济发达地区的村集体，村干部在村内道路建设中有了一定的决策权。同时，农民变成独立的生产经营主体后，逐渐有了自己对村内道路建设与管护的需求意识。

（4）政府资助、多元供给阶段（2006年至今）。2008年，我国推行村级公益事业建设"一事一议"财政奖补试点工作，对农村基础设施建设进行财政补助。由于村民"一事一议"自筹的资金常常不足以应付，村内道路建设往往需要政府项目资金的辅助或者通过其他途径支撑（如乡贤捐款、企业主捐款等），投资主体实现多元化。通过"一事一议"的方式，村民表达需求偏好的渠道更加畅通、机制更加规范，一定程度上实现了村内道路建设决策的自主性。

二、村内道路建管的现状分析

各地结合自身实际，积极探索村内道路建管模式，主要有以下几种类型。

（1）专项资金为主建设模式。该模式在贫困村较为典型。村内道路建设的资金主要来自政府财政专项资金，其他渠道资金为辅。如江苏徐州A村是省级贫困村，2018年村集体经济收入约20万，2018年该村筹资60万元，其中50万元是"一事一议"财政奖补省考核奖励资金，10万元为省级对口支援单位支持、"一事一议"筹资筹劳和村民捐款。村内道路建设都是由镇政府相关部门到农村产权交易市场平台上进行立项、招标、双方签合同（村集体与施工方），县部门审计后才正式完成。2018年共修村内水泥路800米，路宽3.5米。

（2）财政全兜底模式。该模式在拆迁改造村较为典型。2018年开始，江苏省委省政府大力推进"苏北农村集中居住"工程，每年投入约100亿元财政资金建设新型村社区，村内道路建设自然涵盖其中。苏南地区市委市政府自掏腰包，自主推进"农村住房条件改善"工程，无锡市锡山区将在2020年前完成对全区1000个左右自然村的改造，每个村基础设施建设补助标准为20万元/户。

（3）社会资本介入模式。该模式在旅游村等资源型村庄较为典型。主要表现为村内道路建设与管护由村集体 于操办，但建设成本通过提高房租等形式向社会资本分摊。如无锡市锡山区东港镇山联村，是首批全国乡村旅游重点村，通过发展旅游特色产业，吸引社会资本进入村内投资。

目前，村内道路建设与管护存在以下几个方面的问题。

（1）缺乏科学规划，无法较好地形成路网协同效应。如一些地区村内道路建设与乡村道路建设不匹配，无法相互衔接形成健全的农村道路网络；一些地区村内道路建设与配套设施在资金分配、施工工期安排等方面存在不合理现象，如在资金不够丰裕的情况下，排水沟等配套设施没有与村内道路建设同步完成，阻碍了村内道路服务功能的充分发挥。此外，自然村之间的村内道路建设条块分割，无法形成系统化、规模化，难以实现资源配置的规模效应。

（2）建设资金缺口大，村内道路建设难落实。2018年，江苏省"一事一议"省级财政资金奖补额度为13亿元，平均每县奖补资金近2000万元，实施项目近80%是村内道路。县（市）按"一次规划、分年实施"的要求建立项目库，每年覆盖1/3行政村。虽然政府财政投入力度非常大，但是对老百姓的道路需求而言，资金缺口仍然很大。虽然村内道路建设的决策村民一致认同，也非常愿意参与"一事一议"筹资筹劳，但是在具体落实先修哪条路时，村民间存在分歧。

（3）重建轻管现象普遍，村内道路建设的长期绩效弱化。目前，农村对村内道路建设普遍存在重建轻管的现象，基本没有专人或专门的资金用于管护。村领导对村内道路管护的意识也不强，提到村内道路的管护，村书记大多只能想到道路保洁。此外，缺乏可持续的道路管护资金投入是造成道路无人管护最重要的障碍。

（4）农民参与度不够，主人翁意识没有充分发挥。近年来，村民参政议政的话语权和积极性得到了明显提高。但由于优秀人才和青壮年农村劳动力的外流，以及自身文化程度和综合素质的限制，多数农民在参与决策时，都是从短期收益和自身利益出发。此外，村民的重心更多在自身的家庭和事业发展，以及主动关心村庄发展、参与建设决策的积极性还不够高。

（5）监督管理不够，缺少"事前""事后"的科学评价。村内道路建设"一事一议"项目虽然通过了召开村民代表会、公开公示等必要的程序，但因缺乏专业团队的"事前"评价，难以保证建设规划、施工方案等的规范化和科学性，容易造成项目实施的随意性和主观性。同时，村内道路建设资金来源渠道多、项目总体规模较小，工程概算、预决算及监理程序比较弱化，多数工程缺乏工程量的详细核算，难以用统一标准对项目建设质量进行现场勘验，也给工程造价审核造成较大困难，项目工程质量和资金投入的合理性难以客观地做"事后"评价。

三、村内道路建管路径探索

加快推进村内道路建设，建立符合国情农情的管护体制机制是改善农村人居环境、推进乡村振兴的重大任务，为此，提出以下对策与建议。

规划先行，提高村内道路供给效率，村内道路规划设计必须与当地时空信息完美结合。一方面，村内道路建设规划应与美丽乡村规划相协调，使其成为美丽乡村建设总体规划的有机组成部分；另一方面，村内道路建设应注重农村道路网络协调性，充分考虑村庄内外部道路网络的系统性，使农村道路建设连成片、串成串，形成规模化、系统化。村内道路建设可采取政府补助、合同承包等多样化的供给服务方式，有效降低政府运营成本。要完善村内道路建设的民主决策机制，赋予农户主体地位，允许农户拥有决策权、知情权和发言权，建立自下而上的需求传达机制。

多元投入，积极引入社会投资建设主体。加快形成以中央和地方政府的公共财政为主、市场力量供给为辅、当地农民适当参与的多元化格局，保障村内道路建设资金的稳定落实。继续加大中央和地方财政投入，每年在农村基础设施建设资金中固定划出稳定比例用于村内道路建设，并且每年资金量要与财政收入同步增长。地方政府要强化整合来自上级不同部门的项目资金，统筹规划，充分发挥财政资金的聚集效应和规模效益。此外，要积极引导社会资本参与到村内道路建设。研究制定相关优惠政策，创新融资主体，丰富融资模式，拓展融资渠道，充分利用工商资本、银行贷款、社会捐赠等资金投入村内道路建设。

建管并重，加快建立健全道路管护制度。在加大村内道路建设的同时，加快建立健全"有路必管、有路必养"的管护制度，明确管护主体、管护责任、管护范围等。通过宣传、培训等方式增强农民对村内道路管护的意识，设计合理的渠道和机制，让村民有积极性地参与管护，利用社区道德规范引导农户自愿合作，爱护村内道路。探索建立村内道路"路长制"，在镇村两级中逐层签订维护与管理的目标责任制，分解具体任务，保证任务明确、奖惩分明、保障有力。加快发展多种形式的管护组织，将村内道路的管护纳入专业的管护组织之下，提高管护水平。强化村内道路管护资金的落实，以县乡两级地方政府为主，每年根据村内道路建设里程，在农村基础设施建设资金中划出一定的比例支撑。

强化监督，确保村内道路建得好质量高。充分发挥政府自身的管理优势，切实为农村基础设施建设把好"质量关""资金关"。加强村内道路建设的"事前"评价。充分发挥财政、农业、住建等部门职能作用，引入社会第三方专业团队积极参与，探索建立必要的"事前"论证和评价工作机制。针对项目规模小、施工环境差异大、资金来源多元化的情况，依托镇级政府探索建立必要的工程监理机制，并完善工程造价手续与结算制度，必要时可聘请第三方审计机构，为提高村内道路建设质量和资金使用效果创造更好的条件。此外，还可以组织当地具有一定社会影响力、热心公共事业的农民参与村内道路建设工程资金使用和质量监督等。

第二节　城市规划与道路规划

重视交通运输就是重视人类生活品质的提升。随着时代的进步，城市化建设不断优化与完善，为了保证人们的生活品质能够得到提升，就应该对人民的交通运输方式以及日常城市化需求提高重视，这样一来就能够满足越来越多人的生活需求，从而使得人们生活幸福感提升。总之，城市与交通建设和发展越来越复杂，需要的规划与设计就会越来越全面，所以，需要应用最合理的理念与技术，不断地强化城市与交通建设才是社会发展的核心。

城市化建设逐渐完善预示着城市规模建设越来越大，为了保证与日俱增的城市人口能够在城市中过着满意的生活，就应该重视城市规划，在城市建设之前不断完善城市与道路建设，这样就能够使越来越多的人在城市中的生活品质得到提升。但是，目前我国城市建设还是存在一定的问题，由于城市建设的配套设施不够完善，而且城市规划没有太多的远见，就会导致越来越多的城市建设水平不够高，时常会出现在城市中心交通拥挤的情况。这多是由于城市道路建设与规划不够合理，导致道路交通问题与日俱增。所以，城市规划与道路规划之间是存在复杂联系的，相关部门对此应该予以更多的重视才能够从根本上解决问题。

一、我国道路交通规划存在的历史问题

为了更加透彻地理解我国城市规划中存在的交通问题，就应该对道路交通规划存在的历史问题予以重视。我国在新中国成立之前，国家发展属于封闭性，所以，经济建设十分陈旧而落后，那个时候的城市建设并不能够考虑到道路的规划概念。因此，新中国成立以来的城市建设，一直都对道路规划缺乏重视，直到现代化建设不断优化，我国相关部门对城市建设中道路规划才开始提高重视程度，但是城市道路建设一直以来都受到经济发展的制约，因此，我国道路建设整体程度都是比较落后的。

从历史发展情况进行总结得出，我国在道路建设方面的认识是存在缺陷的，与国外发达城市相比较，道路的功能分工还是不太明确，由于城市化建设逐渐普及，城市道路越来越宽广，所以重视主干道以及次干道的功能分布是非常关键的，只有做好道路的分流建设才能够从根本上缓解交通压力。另外，我国城市道路的布局不算合理，城市道路的密度过于大就会提升交通压力，与此同时还会影响城市环线设计，不能做到道路资源的充分利用，从而阻碍众多道路的通行能力提升。还有一点就是在城市规划过程中道路规划面积远远不够，这样就会直接影响道路建设成果，虽然能够在短时间内完成，但是不久之后就会由于道路规划面积不够而出现全新的问题，这样一来就会影响道路的使用寿命和道路使用质量，致使城市建设与道路规划意义得不到施展。

二、TOD 模式简介

TOD 模式，是 Transit-oriented development 的简称，即公共交通导向的城市发展，被认为是提高智能化水平、拉动经济发展、转变市场需求与人民出行方式的工具。TOD 模式在不同地方的定义与侧重不同，但其共同点在于在城市规划上主要采用道路网格化、功能混合使用、适宜的开发密度、居住区内步行可达及设施开放等方式。作为城市规划的重要部分，在道路建设规划中应把土地使用规划和交通规划配合起来，城市的居住和工作的相互关系安排得好，可以避免产生许多不必要的交通。应该把各种不同性质的交通（如汽车、公共汽车或无轨电车、自行车、行人等）尽可能组成它们各自的交通网，使人们的工作和生活不受到交通的干扰，给予人们最大的活动自由，这才是城市规划与道路建设的目标。研究表明在某一个区域内的居民，如果住在车站附近，使用公共交通的可能性会增加 4 倍到 5 倍。TOD 模式还能够缓解拥堵，节约土地，减少道路建设支出，提高自行车与行人出行者的安全性。

TOD 模式有很多不同的形式，目前在美国有超过 100 个正在实施的 TOD 项目，大部分位于地铁、轻轨车站内部或周边，周边的土地利用有政府、商业、学校等多种形式。以美国圣地亚哥湾区为例，通过 2000 年的普查数据及地理信息系统的帮助在建立的统计模型显示，在车展周边提高开发密度，增加土地利用多样性，基于行人的街区设计。同时城市居住密度与街区大小存在明显的交互效应。统计模型建议将目前的居住密度从每 4046.86 平方米 10 个居住单元翻倍到 20 个居住单元。

通过上文的详细论述，我们能够十分清楚地看出我国在建设国家的过程中，需要时时刻刻关注城市建设与道路建设的情况，在此过程中需要及时地利用最新的技术与理论，不断强化技术应用，优化城市与道路建设，而确保城市建设效果最好的方式就是重视城市规划与道路规划，以保证我国越来越多的地区能够建设出符合国情的城市，与此同时还能够符合可持续发展的要求。总而言之，重视城市规划与道路建设规划不仅仅要理论上提高重视，最关键的是落实在实际行动上，从而确保人们日后生活与生产能够得到最高的质量保障。

第三节　生态思想与道路建设

20 世纪后半叶，随着西方工业化的高速发展，大气污染日益严重，水污染加剧，生物多样性下降，森林锐减，各种生态环境问题日渐凸显，频频发生的环境公害事件威胁着人类的健康。《寂静的春天》一书的出版，也使得人们意识到全球生态安全已危机四伏。此外，能源危机制约着人类的生存和可持续发展，一些重要矿产资源和石油等化石能源也逐步面临枯竭。在此背景下，资源环境问题在国内外理论界受到广泛关注，生态文明的概念应运而生。

生态文明建设是中国特色社会主义必然的奋斗目标，是关系人民福祉、关乎民族未来的大计。基于"可持续城市交通"理念，生态环境的可持续是城市交通维持可持续性的前提和根本，由此，以生态环境保护为目标的"绿色生态道路"应运而生。上海"2035"城市规划提出了"建成创新之城、人文之城和生态之城"的目标。道路作为城市的重要设施，其生态化建造与生态城市的建设关系密切。为探究生态的具体含义以及生态与道路建设的关系，本节阐述了生态的释义，总结了我国生态思想和近年来提出的生态设计理念，梳理了我国道路建设技术和理念的发展历程，提高了以期为生态道路的建设参考。

一、"生态"释义

"生态"一词源于希腊文"Oikos"，原意为"家"和"住所"。"生态"一般指生物的生存状态，以及生物之间、生物与环境之间的相互关系。现今，以"生态"来定义的范畴越来越广。健康、美好、和谐的事物可用"生态"来修饰，如生态文明、生态城市、生态园区、生态建筑、生态景观等。

我国古代及现代文学中有用到"生态"一词。我国南朝梁简文帝的《筝赋》："丹荑成叶，翠阴如黛。佳人采掇，动容生态。"《东周列国志》第十七回："〔息妫〕目如秋水，脸似桃花，长短适中，举动生态，目中未见其二。"唐朝杜甫的《晓发公安》："邻鸡野哭如昨日，物色生态能几时。"明朝刘基的《解语花·咏柳》："依依旎旎，袅袅娟娟，生态真无比。"文中"生态"均为美好、生动之意。

二、生态思想

（一）"天人合一"思想

儒家学派提出了"天人合一"的生态思想，"天人合一"的核心是强调人与自然的统一性，人与天地、自然界的万物不仅是平等的，而且是相融一体的。"天地合而万物生，阴阳接而变化起"讲的就是自然与人类的平等关系。汉代王充认为"一天一地，并生万物，万物之生，俱得一气"，即自然万物和人类在本质上是一致的，因此在处理人类和自然界的关系上应做到"仁"。

道家学派指出"道生一，一生二，二生三，三生万物"，认为世间万物都来自"道"。由此，万物皆来自"道"，则从源头看是平等的。"万物并作，吾以观复，夫物芸芸，各复归其根"，其意为有了和谐的生存环境，才能万物兴旺繁荣，自然和谐循环，永无止境。"人法地，地法天，天法道，道法自然"体现了道家对自然的尊重和热爱。

佛家讲究机缘，认为万物聚合是一种"缘"，是各种条件成熟的结果，因而要珍惜这种缘分。佛家认为"一切都无生，亦无因缘灭"，普罗大众与万物皆无边无际，无始无终。佛家"无情有生，众生平等"的生命观与道家"道生万物，周行不殆"的整体观、"天地与我并生，而万物与我为一"的齐万物境界有着异曲同工之妙。只有达到"天地同根，万物一体，法界同融"的状态，人与自然的关系也就达到了和谐统一。

（二）"风水"思想

风水理论中的科学内容是中华民族在几千年历史文化进程中积累的人居住经验，因其朴素的生态和谐观以及独一无二的生态美学内涵而受到国内外学者的关注。风水的最终目的是寻求宇宙、地球和人类在纷繁复杂的变化中达到在规律上、能量上、位置上最佳的统一。

风水选择的意识始终贯穿着人类对居住环境的选择和营造。中国古代一直对此重视并有大量的实践研究，主要应用于建筑的朝向、建筑的形式和人居小环境建设上。当代建筑学界在理论层次上还停留在对风水理论的简单借鉴上，比较注重其生态思想和理想景观模式的探讨。

在城市规划方面，风水理论中的山水城市思想在城市规划方面得到了很好的体现。风水理论认为，城市应负阴抱阳，冲气以为和。这一理念的中心是城市选址应背山面水，与时下流行的以建设山水城市为主要取向的城市规划思想一致。另外，由于生态的内涵和山水组合的思想，理想风水空间模式也被视为生态城市的空间结构之一。

三、道路建设发展与生态理念

（一）我国道路建设发展脉络

《古史考》载"黄帝作车，任重道远，少昊时略加牛，禹时奚仲驾马"，说明我国在公元前两千多年前的少昊金天氏时期，就已有车马与道路了。《周语》载"列树以表道，立鄙食以守路"，指出了道路绿化和养路配备问题。《诗经》载"周道如砥，其直如矢"，表明当时道路平整，路线甚直。《周礼》载"匠人营国，国中九经九纬，经涂九轨，环涂七轨，野涂五轨"，说明周朝在道路修建上已关注道路线网和宽度的设计。

战国时期，道路建造技术有所提升。《史记·高祖本纪·索隐》载"栈道，阁道也。绝险之处，傍凿山岩，而施版梁为阁"，说明战国时期开创了一种开辟山路的方法。《汉书·贾山传》载"为驰道于天下，东穷燕齐，南临吴楚，江湖之上，滨海之观毕至。道广五十步，三丈而树，厚筑其外，隐以金椎，树以青松"，说明秦朝"驰道"通达极广，道路宽且路旁植树。而后的唐、宋、元、明、清，不断发展路网建设，并配备了驿站。

1913 年，修筑了长沙至湘潭一段的通行汽车的道路。1921 年，孙中山提出百万英里道路建设计划，规定道路分为"干路""支路"两种。至 1949 年，我国道路总里程达 21 万多千米。1951 年，在江苏省南部松江至金山卫道路上，铺筑级配石砂试验路。1952 年，在北京至十三陵道路上，修筑沥青贯入碎石面层试验路。1954 年，在石家庄至德州道路上，铺筑水泥、石灰稳定土沥青面层试验路。自此，采用不同种路面材料的试验路在我国道路建设中铺筑和使用。

1980—1990 年，我国开展了大量沥青路面、水泥路面材料强度研究以及路面结构力学行为的计算与分析，设计上侧重于道路的结构设计，包括路面结构、支挡结构、路基处理、交叉口竖向设计等，以确保路面"不塌"。1990—2000 年，设计上侧重于道路的交通分析。2000 年以后，设计上则开始考虑生态因素和环境保护，如采用生态边坡防护、温拌沥青及透水路面材料等，以实现"环境友好"。

我国道路建设绿色理念的实践和探索大致可分为三个阶段：第一阶段为 2006 年以前，以思小高速、渝湛高速粤境段等高速道路为代表，开展了有关生态环保方面的探索；第二阶段为 2006—2012 年，依托神宜道路、韶山高速、武神道路、长湘高速等道路，开展"资源节约型、环境友好型道路"的实践；第三阶段为 2013 年至今，绿色道路作为推进绿色交通发展的突破口和引领，在全国范围内进行典型示范工程建设。

2016 年，交通运输部印发了《关于实施绿色道路建设的指导意见》，明确了绿色道路建设的指导思想和基本原则，提出了五大措施来保证绿色道路建设的顺利开展。主要任务涉及资源利用、自然生态保护、科技创新、品质优越和功能多元 5 个方面。据此，绿色道路可定义为：在道路全寿命周期内，以创新、协调、绿色、开放、共享为发展理念，最大限度地节约资源、保护环境和减少污染，注重智慧化管理与服务品质提升，为人们提供安全、舒适、便捷、美观的道路使用环境，与自然和谐共生的道路。

同年，上海市发布了《上海市街道设计导则》，是我国首个城市级街道设计导则。《上海市街道设计导则》的基本理念是"坚持以人为本，将街道塑造成安全、绿色、活力、智慧的高品质公共空间，复兴街道生活"。作为上海城市数量最多、最为密集的公共开放空间，《上海市街道设计导则》明确提出，街道从"以车为本"向"以人为本"转变，将人的需求放在第一位，将市政设施、景观环境、沿街建筑、历史风貌等要素进行有机整合，塑造特色街道。在评价上，从"强调交通效能"向"促进街道与街区融合"发展，街道不仅仅具有交通功能，还需要重视其促进街区活力、提升环境品质等综合功能。

（二）生态设计理念

基于全球性生态危机对人类生存和发展的威胁，城市设计与发展呈现"生态化"趋势。以生态问题为中心，产生了研究自然规律和社会规律相互作用的各类交叉科学，如城市生态学、人类生态学、文化生态学、生态伦理学、生态美学、景观生态学等，形成了城市规划、建筑学、风景学与生态学综合的态势。

生态学成为设计思想的重要部分，是设计思想的重大变革。设计师按照生态学思想或生态学原理，按照自然环境存在的原则和规律，设计人类的居住形式和居住环境，拟定所设计事物的蓝图，对城市的社会、经济、技术和生产环境进行全面综合的设计，称为生态城市设计。

生态建筑设计是根据当地的自然生态环境，运用生态学、建筑学及生态技术，合理组织和处理建筑与其他领域相关因素之间的关系，与自然环境形成一个有机整体，实现向自然索取与回报之间的平衡，寻求人、建筑、自然之间的和谐统一。

生态建筑与绿色建筑的辨识：生态建筑反映了建筑发展的宏观层面，将建筑包含的要素融入自然、社会、经济、文化的大循环中，使建筑业与其他方面相互融合渗透，并最终形成类似于生命循环的结构；绿色建筑侧重于微观层面的技术和设计方法，强调人与自然的关系，重视绿色植物和其他生物在建筑中的伴生，促进物质和能量合理流动。

（三）生态道路建设内涵

道路建设发展至今已进入"返璞归真"阶段，自满足结构需求后，便开始探寻最初的生态思想和概念。近年来提出的生态城市、生态建筑理念也体现了这一点。道路作为交通建筑物，置身于生态城市之中，在一定程度上属于生态建筑。由此可知，生态道路应涵盖绿色道路，将道路建设要素与自然、社会、经济、文化相融合。

所谓"生态"，不仅具有生态学意义，还具有一定的文学含义。我国自古以来的"天人合一""风水"思想均体现出了生态的理念和愿景。近年来的生态设计理念指出，无论是城市规划还是建筑设计均应注重与自然环境的交互作用，贯穿了"天人合一"的思想。

我国道路建设发展是一个不断创新和挑战的过程，首先解决的是道路耐久性问题，而后将关注点聚焦于道路的生态理念、生态设计，如绿色道路、街道空间等概念的提出与研究发展。

根据本节所梳理的生态思想、理念、设计方法及建设技术发展脉络，所谓生态道路应是指基于"天人合一"思想，注重环境保护，注重与自然、社会、经济和文化的交互作用，设计建造的自然、美好、可持续道路，也表达了人们对高品质道路交通的愿景。随着道路规划设计理念、施工建造技术的提升，未来必然会设计建造出符合人们对美好生活向往的生态道路。

第四节　海绵城市理念与道路建设

在剖析区域洪水灾害构成和洪水灾害成因的基础上，分析了不同模式下的城市年径流量去向，探讨了低影响开发和低影响开发设施配置，明确了海绵城市对路面建设的规划要求，确定了城市的综合径流系数，比对了几种常见透水性铺装材料的性能，结合某市政道路工程案例进行了海绵城市道路建设探究，可为其他城市海绵道路的建设提供借鉴。

2016年我国城镇化率为57.35%，标志着我国已经进入了城市化的工业大国。城市是人类社会发展的高度集成化表现，是拥有自然属性和社会属性的复合系统。这两方面属性的协调发展才能造就稳定、韧性的城市系统。在城镇化历程中，湖泊、湿地等天然气孔被填埋，水泥、混凝土硬壳迅猛地扩张，约70%的城市降雨形成径流。城市中"逢雨必涝、遇涝则瘫"的状况已是常态。当雨后水潮退去，城市硬壳下的地下水漏斗又宣告着水资源的危机。暴雨导致的洪涝和城市普遍的缺水两种状况的对立困扰和影响着我国的城市化进程。

自20世纪90年代以来，我国湖泊面积减少了15%，湿地退化了28%。城市面临着内涝、水资源短缺、水体富营养化等一系列水生态问题。这些现象表明，城市发展历程与自然生态进程的平衡态势间发生了重大偏离。城市建设要从"人改造水"到"人适应水，人水和谐共处"的根本性观念转变。海绵城市立足于我国当前实际的水情特征和水问题，符合了我国当前城市建设的需要。

一、洪水灾害分析

（一）洪水灾害构成

洪水灾害是洪水作用于人类社会的产物，是由于异常天气及水利工事等原因引起了江、河、湖水量的快速上升和水位上涨，突破了河道的约束，给人们的日常生活和生产带来极大的损失。洪水灾害是由承灾体、致灾因子、孕灾环境等组成的复杂大系统。城市洪水灾害可归结为地理位置、水文条件破坏、城市地表固化、下水道不足、城市小气候变化和其他因素等方面。洪水灾害的致灾因子通常是台风、暴雨等恶劣天气；而孕灾环境包括地形地理、河流网络、植被土壤等；承灾体主要是人、建筑物、农业、经济、环境等。洪水灾害所造成的损失，不仅与洪水强度有关，而且与承灾体密切相关。

（二）洪水灾害成因分析

洪水是浙江发生最频繁，损失最严重的自然灾害，造成的损失居各类灾害损失之首。降雨是洪水致灾的主要因素，浙江年降水量为 1 600 ~ 1 800 mm，是全国年降水量最大的地区之一。降雨强度越大、历时越长、范围越广，越容易形成特大洪水。浙江的经济发展快，人口密度大，一旦发生洪水灾害就会遭受巨大的损失。

浙江省每年5—9月的降水量占到全年降水量的60.61%。省会杭州年均降水量1 540 mm，5—9月的降水量占到全年降水量的58.28%，夏季降水量是导致城市洪涝灾害的直接原因。如此大的降水量直接影响着城市的排水组织和设计，年径流总量的去向是研究路面排水时不可回避的问题。

（三）城市年径流量去向

城市年径流量去向有两个组织模式：传统排水组织模式和海绵城市排水组织模式。这两种组织模式下的年径流总量去向如下：传统城市排水模式下，年平均径流量的去向有三个途径，即水分蒸发、排入城市管网和渗入地下，其中年平均径流量的70%以上从城市各级管网排走。海绵城市设计中年径流量的30%排入管网，绝大部分降水量通过"下渗入地"和"收集储备"方式来有效减排并加以利用。雨水下渗入地主要设施有地面透水铺装、下沉式绿地、生物滞留带等；雨水收集储备则可通过蓄水池、雨水罐、湿塘、雨水湿地等设施来实现。

在洪水灾害发生前后，采取适宜、有力的措施，就会减轻洪水灾害可能造成的损失。低影响开发思想认为雨水是"资源"而不是造成麻烦的"废物"。海绵城市创建对年降雨量大于 800 mm 的城市排水防涝效果明显。在海绵城市建设中通过有效组织径流量的合理去向，进行雨水的合理调蓄、切实减少雨水径流污染等，逐步改善水环境和水生态，保障城市发展与自然生态的和谐共存，使城市复合生态系统的水文功能趋于动态平衡，最终解决城市内涝问题。

二、海绵城市建设

内涝是我国 60% 以上城市必须面临的常态化问题。城市传统排洪涝的规划理念是将雨水"快速排除"和在"末端集中"，却忽视了城市整体水文过程的系统性，导致将上游洪水的破坏力快速、强化、放大地转移给下游地区，引起了"水"与"土"分离，"地表水"与"地下水"分离等环境问题。海绵城市建设是指城市能做到在下雨时吸（蓄）水、渗（净）水，在城市需要时能释水。海绵城市这种在下雨时吸收并积蓄雨水，在需要时放出和利用水的新型排水防涝思想，给出了解决城市水生态循环的新思路和途径。

海绵城市在适应环境变化和应对雨水带来的灾害等方面具有良好的弹（韧）性。城市建设运用建筑物、绿化用地、城市广场、交通道路、水系等基础设施为载体，利用渗透、滞留、蓄存、净化、回用、外排等多种生态化技术和手段，实现径流雨水控制目标，恢复城市良性的自然水文循环。基于源头的低影响开发和低影响开发设施是海绵城市建设的核心内容。

（一）低影响开发系统

低影响开发是按照对城市生态环境影响最低的建设理念来对城市进行开发、规划、建设、协调和管控。在此过程中，通过城市雨水径流源头控制机制和设计处理技术，有效控制雨水带来的径流量，维持开发前后城市的自然水文循环状态和水文特征基本不变。低影响开发主要指建构和优化城市水系，有效发挥城市自然水体的调节作用；规划改造城市建设模块，通过雨水调蓄系统保留和积存雨水等。低影响开发理念对城市规划和管理产生了根本性的影响，实现人和自然和谐共处，系统、可持续地解决城市水问题及水生态修复问题。

（二）低影响开发设施

低影响开发设施是低影响开发中"滞、蓄、渗、净、用、排"六维一体的综合排水工程设施的总称，其中包括透水铺装、人工湿地、生物滞留设施、渗井、下沉式绿地、植草沟、植被缓冲带等。

三、海绵城市道路建设

传统市政模式认为，雨水排得越多、越快、越通畅越好，传统排水模式没有考虑水的循环利用，加大了城市干旱和洪涝灾害的概率。海绵城市规划设计统筹考虑城市建设中的内涝防治、雨水资源化和水生态修复等问题。

（一）海绵城市道路中技术设施

透水砖、透水混凝土、鹅卵石等是常见的透水路面铺装形式。透水砖和透水混凝土铺装常用于人行道和非机动车道的铺装，透水沥青混凝土铺装可用于机动车道。透水路面铺装可补充地下水，削减峰值流量，并能初步净化雨水。道路路面铺装有半渗透性铺装和全渗透性铺装两种方式，路面构造层次为面层、基层、垫层和土基。通过改变水的表面张力，全透式路面面层把雨水吸收到透水砖内。透水性良好的基层主要起下渗作用。垫层不但排水，还能防止因毛细现象的水体上升，以保障路面的整体稳定性。土基则能保存地下水，解决地基沉降并满足植物水分补给问题。

植草沟在收集、输送、排放径流雨水方面具有一定的作用。植草沟建设及维护费用低，与景观结合性好，但易受场地条件制约。种植植草沟的场地要求为：边坡坡度宜在 1 : 3 以内，纵坡坡度宜在 4% 以内。

生物滞留设施常用于道路周边绿化,一般是在地势较低的区域,通过植物、土壤和微生物系统对雨水进行"蓄""渗""净"的设施。常见的设施有雨水花园、生物滞留带、生态树池等。

(二)城市径流系数

杭州市位于杭嘉湖平原地带,区域内水网纵横、水域面积大,属于天然的海绵城市。随着几年来人口的聚集和经济的腾飞,城市内的不透水区域快速攀升。后天的人力改变了整个区域内汇水的天然布局,造成径流系数的快速加大。

透水砖面层的透水性能远远优于传统的混凝土和沥青路面,透水砖路面雨水的下渗率为混凝土路面的 6 ~ 7 倍。根据杭州市城市规划管理技术规定:12 ~ 18 层高层建筑的建筑密度 ≤ 24%,容积率 ≤ 3.0。新建住宅小区绿化率为 30% ~ 40%,建筑密度 20% ~ 30%,道路广场占地比重 30% 以上。如果能全部在广场、停车场、人行道铺设透水砖,保证径流量水平不大于小区未开发前的径流状态,就可以极大地减少城市快速、大规模建设中的洪涝灾害所带来的社会压力。通过保证住宅小区内的绿化率、限制建筑密度比、增加透水地面比率等途径提高区域内路面的排水排涝能力。

2014 年杭州市年降水总量均值为 1 663.28 mm,地表水资源量为 161.31 亿 m^3,径流深为 965 mm,地表水资源量占浙江省地表水资源量的 14.4%。综合杭州市 2014 年平均降雨量、径流系数等数据后,按照占地面积为 10 000 m^2 计算得出年降雨量(m^3/a),不同材质路面年雨水下渗量(m^3/a)。

综合考虑城区功能划分、人口密集程度等因素后,杭州市综合径流系数为 0.6 ~ 0.8。实地抽样调研结果表明,城市化程度高的区域,其径流系数就大,两者间的变化趋势趋于一致。

(三)透水性铺装材料

透水性铺装材料具有良好的透水性、透气性,高孔隙率等优点。采用透水性铺装材料进行路面、广场、人行道的铺贴等方式将有效减轻城市排水防涝系统的压力。下雨天时,雨水通过路面透水铺装快速下渗到土基并被储备在土壤中[11],大大减少路面径流;天气放晴时,渗入透水地面下的水分蒸发到大气中,有效补充空气湿度、改善地面植物生存条件,减缓城市热岛现象的出现。由于其所带来的优良生态环境,透水性路面被形象地誉为"会呼吸"的路面。

目前,常见的透水性铺装材料有混凝土透水砖、砂透水砖、陶瓷透水砖等。混凝土透水砖是将砂、石用胶凝材料或黏合剂搅拌混合后压制、养护而成。陶瓷透水砖以煤矸石、废瓷砖、石英、高岭土等工业废渣和建筑垃圾为主制作而成。这种发展理念既重复利用了材料,减轻了环境污染,又提高了经济效益,保护了整体的生态环境。

不同材质透水砖的性能指标。影响透水砖选择的主要因素是透水系数和透水持久性。砂基透水砖在透水系数和透水持久性中优势明显。透水性路面可以降低地面 70% ~ 80% 的径流量,可降低排水系统建设成本的 60%。

（四）工程案例

某市政道路全长 28.9 km，为东西走向。道路标准断面宽度为 24 m，道路横坡 2%。道路所在地区年降水量 1 712 mm。

在满足路面载重要求、减缓内涝和水灾、生态性和经济性好等业主要求的前提下，项目按照以绿色生态功能为导向，考虑低影响开发控制性指标，实现实用性和观赏性并重的原则进行设计。该道路设置 12 m 宽机动车道（沥青混凝土路面），两侧各 3 m 宽绿化带，3 m 宽非机动车道（人行道）。道路总面积为 63.58 万 m²。绿化带和人行道承担着路面雨水的调蓄作用。人行道为透水面砖铺装，雨水可快速渗入基层和土壤层中。绿化带中设置 LID 树池，树木四周铺满草皮（设置 1.5% 坡度）和碎石缓冲带，有效提高绿化带对雨水的下渗量，减少水土流失，也赋予了道路丰富的立面效果。

根据本地的年均降雨量，得到年径流总量控制率所对应的设计降雨量。随后计算出道路降雨总量，接下来运用加权平均法计算得到综合雨量径流系数。本例计算得到综合雨量径流系数为 0.509，其中绿地、机动车道、人行道径流系数分别取 0.160、0.890 和 0.240。

进行道路海面城市低影响雨水系统设计出的道路标准断面。人行道铺装构造层次为：① 200 mm × 200 mm × 60 mm 透水砖面层；② 20 mm 中砂找平层；③ 180 mm 无砂透水混凝土基层；④ 120 mm 级配碎石垫层；⑤土基夯实平整。

依据构造层次的不同，人行道透水砖铺设综合单价为 150 ～ 180 元 /m²。其中，无砂透水混凝土基层：50 ～ 60 元 /m²；级配碎石垫层：12 ～ 18 元 /m²；透水砖及找平层：80 ～ 120 元 /m²。本例中透水砖铺设综合单价为 155.82 元 /m²。透水砖铺设综合单价为普通人行道地砖铺设单价的 1.2 ～ 1.4 倍。虽然在建设期透水砖路面的前期投入比传统路面大，但综合考虑路面的生态效益和寿命期内的整体建设效益，透水砖路面整体优势更为明显。

随着城市化和国民经济的快速发展，城市需要生态的、稳定的、可持续发展的方法来保持和恢复水生态系统的健康。在不增加末端基础设施的前提下，打造一个表面布满吸水孔洞的海绵城市，保证在降水期间雨水被饱满吸收并排入水体，在需要时释放和利用水。这种思路是解决洪涝灾害和城市缺水两种状况并存的最好办法。通过分析城市年径流量去向及探讨低影响开发，结合某市政道路工程案例进行了海绵城市道路建设中路面建设的规划要求、城市综合径流系数、透水性铺装等问题的探究。

第五节　城市道路与环境保护

近年来，我国道路建设突飞猛进，给人民生活带来了快捷与便利。就道路建设而言，因其线长面广，破坏范围大，过去环保意识不强，在修建道路时对生态环境、人文景观、地形地貌等造成了很大的破坏。

现今国家建设主管部门在环境保护设计规划中，提出道路工程设计必须做到经济效益、社会效益与环境效益相统一，并且在遵守国家《建设项目环境保护设计规定》前提下，根据《城市道路设计规范》《城镇道路养护技术规范》进行设计，这是符合上述新概念的，简言之，这就是"天人合一"的概念。

一、从道路设计与施工阶段充分考虑环境保护

（1）在可行性研究阶段，就得对道路沿线环境影响进行评估。

（2）在初步设计阶段，应按环境保护的评估意见拟订环境总体设计方案，并进行论证。设计人员从选线到设计的全过程，都要把环境保护设计和工程方案一起抓，使线路尽可能避开环境敏感点（如文物古迹、水源头及野生动物保护区等），力求采用环保新技术和新材料，把道路工程与自然环境融为一体。道路定线不能只单纯地视其为一个几何图形，而应视其为一个美学实体。一般来说，人们对周围环境的感受，在心理上会产生明显的反应，如桥梁的形状、水的流动、树林的分布，以及急弯陡坡、垃圾坟场等都会引起司乘人员心情的愉悦或烦躁。因此，设计人员在着重主体工程设计的同时，不能忽视对周围环境的设计。

（3）在施工图纸设计阶段，须根据审定意见，做出环境工程设计。

（4）在施工阶段，要严格按照设计图纸施工，随时研究如何减少对环境的不良影响，并加以纠正。

（5）在运营阶段，应对未能完全避免的交通噪声、行车尾气等进行适当的综合治理。如荷兰的阿姆斯特丹环城高速路靠近城镇居民的一侧全部采用隔音板防护，有效地减少了噪声污染。

实行以上所述为准绳的道路设计，必然会建成与自然环境融为一体的道路，收到"天人合一"的效果，这就是现在所提倡的道路设计新概念。

二、从市区、市郊和乡村三方面来阐述道路建设的环保措施

（一）市区

市政道路的绝大部分路段是在市区范围，市区内人口密集，车流拥挤，平面交叉及立体交叉道口众多，噪声、尾气污染严重，以上种种都给道路建设与环境保护带来严重和复杂的问题。解决的方法也是多种多样的，如在城市中心地带平交较多处，做好渠化设计，使车流通畅，避免堵塞。对交通噪声、尾气污染，无法利用自然条件防治的，可以建造声屏障或栽植行道树以减少噪声和污染。要想从根本上解决这些问题，最好是将路线避开敏感点，或采取工程措施。如在园林道路两侧种满爬山虎等绿色植物，一方面使两侧建筑免遭交通噪声、行车振动、空气污染影响，另一方面保护了道路两边成为护墙，它们把来往车辆所产生的噪声、振动和尾气基本控制在标准范围内，效果良好。其他如保存重要的历史文物、宝塔、石刻、名人故居、名胜景点等，也是必须考虑的，因为不仅要使人烟稠密

的居民有健康安全的住所，还要有文化和美观的环境，这是一个系统工程。道路设计人员要随时向建筑、交通、文物、艺术工作者咨询，才能较好地达到上述要求。

（二）市郊

市郊的人口逐渐在减少，郊区道路面积却不断在增大，由此引起的生态变化，破坏自然景观，以及其他妨碍出行等问题，市政道路部门应提前与有关部门联系，预做规划。另外，对环城道路或连接市区出入口道路的线形，应注意平纵曲线的组合设计，使汽车能匀速行驶，减少事故，同时要对汽车噪声、空气污染提出防治措施。

（三）乡村

乡村的特征是土地面积大、人口密度低，气候、地形、水土、地质、生物的差异较大，道路与其他运输体系分散。在这个地区修建道路遇到的问题是土方工程对农业资源、自然景观的影响，如路线分割耕地、危害植物生长，石方爆破会造成水土流失，边坡失稳。所以道路选线应全面考虑其两侧的社会自然环境，合理保护土地资源，避免不利的地质条件及对名胜古迹的危害。为了满足沿线人民出行及田间耕作的需要，还应设置足够数量的跨线桥、通道。另外，还要根据当地气候特点设计挡土墙、边沟、截水沟，尽可能采用植物防护，这样既可防止水土流失，也有利于自然景观。

在此还需要提出的是，如果遇到路线两侧200m范围内有自然保护区、水源区、森林草原、湿地、野生动物栖息地等，原则上是将路线绕避这些生态环境，如果实在难以绕避，就需提出专项保护方案。

三、道路美学

道路美学是对道路建设与环境保护同时能进行所提出的更高要求，如国外的一些高等级道路在建设时把砌筑的双梁护栏隐藏在绿树丛中，这就是工程与美学的结合。一条道路建成后，车辆司乘人员及沿线居民的要求是不尽相同的，前者关心的是路面宽阔平坦，行车速度快，其次才是环境美观；而后者关心的则往往与前者相反。道路设计者为了使汽车能高速行驶，必然考虑采用半径大的平曲线和竖曲线，因此不仅要移去重要地段附近的障碍，甚至还要改变某些地面的自然地貌，因而便破坏了原有自然景观。要减少这些破坏，则要减小平曲线半径，避开风景名胜区，但也因此降低了行车速度。采用小半径的曲线越多，路上发生撞车的可能性也越大，这是司机所不希望的。如何解决上述矛盾，必须做好环境效果分析，或采取空中摄影定线，尽可能多地保存风景名胜，将路线绕道或打隧洞通过。如镇江市南徐大道穿越南山风景区的观音山隧道便是一例。

为了使道路沿线美观，还应考虑道路用地宽度问题，它应包括路面本身宽度，两侧的排水设施，公用设施及停车场地等。因此现实生活中，如何美化这一地带也是一个重要问题。

总之，道路美学目前已成为道路设计的重要方面，道路的线形、构造物等必须与周围环境相协调，必须与大自然景观融为一体。如上文所述不能把道路仅仅视为一个静态图形，而应看成用土、石、沥青、混凝土、灌木、树林等建成的美学实体，当汽车行驶、转向、变向、爬山、下山、过河时，都能给乘车者一种动态的感觉，因为只有以这种状态进行道路设计，才能全方位取得令人满意的效果。

道路建设是国民经济发展的纽带，做好全局规划，可以从根本上避免先有公害后治理的情况发生。因此，保护生态、自然、人文环境，栽植树木、扩大绿化、保持水土，降低污染，以及改善景观等，都是十分重要的问题。为此本节在这里提出道路建设与环境保护同步进行的道路设计和施工方法。

道路建设与环境保护工作涉及面广，随着人民生活水平的提高，将对环境有更高的要求和标准，如何通过科学管理、技术进步，对道路建设过程中的环境保护进行周密设计、精心施工、严格验收、加强维护，完善和提高环保工作是值得深入研究的课题。

第六节　道路建设与水土保持

依据国家相关法规及道路建设的发展趋势，强调道路建设必须重视水土保持，并依法编制水土保持方案。水土流失防治范围包括：道路建设区、直接影响区和预防保护区。水土保持主要内容为：水土流失防治目标，防治重点及对策。本节结合工程实例，简要设计道路水土保持防护体系。

一、道路建设与水土保持概述

道路建设中的路堑开挖，路堤回填及防护工程基础开挖，管道基坑开挖、回填等施工将会破坏现状地表植被，使地表裸露，在地表径流的冲刷下易产生水土流失，淤积下游市政管网、河道及水库，严重危害道路沿线生态环境，破环城市景观。因此，防治水土流失，重视水土保持非常重要。通过编制水保方案，可以科学地预测道路建设所产生的水土流失及其危害，提出合理的水土流失防治技术和措施，有效控制和减少因道路建设而产生的水土流失，保护水土资源。

二、重视水土保持的必要性

（1）我国是一个多山的国家，大多地区生态环境脆弱，在道路建设与运营中，对沿线一定范围内的生态环境影响较为明显。比如，路基开挖或堆填，会改变局部地貌，在地质脆弱地带易引起崩塌、滑坡等地质灾害。因此，道路建设必须重视水土保持。

（2）道路是国家基础设施建设的重点。为促进区域经济平衡、协调、快速发展，必须大力发展道路建设。然而道路建设活动越频繁，造成的水土流失面积就越大、越严重，对生态环境的破坏就越明显，引发的地质灾害就越严重。因此，道路建设应注重水土保持，以促进基础建设的可持续发展。

三、道路建设的水土保持方案

（一）法律依据

《水土保持法》规定："在山区、丘陵区、风沙区修建铁路、公路和水工程等在建设项目环境影响报告中，必须有水行政主管部门同意的水土保持方案"。"建设工程中的水土保持设施，必须与主体工程同时设计，同时施工，同时投产使用"。

（二）水土保持方案防治范围

合理划定道路建设水土保持方案的防治范围，对保证道路的安全施工、运营及保护沿线生态环境具有重要意义。根据项目建设特点、可能造成的水土流失情况、水土流失防治责任及其目标，水保方案的防治范围包括以下几个方面。

1. 道路建设区

道路建设区是指道路主体及配套设施建设征地、占地、使用及管辖的区域。包括工程基建开挖区、边坡防治区、采石取土开挖区、工程扰动的地表及堆积弃土石渣的场地等。该区是引起人为水土流失及风蚀沙质荒漠化的主要物质来源。

2. 直接影响区

直接影响区是指道路建设中直接影响和可能对建设区以外造成水土流失危害或灾害的地区。包括地表松散物、沟坡及弃土石渣在暴雨径流、洪水、风力作用下可能危及的范围，以及可能导致崩塌、滑坡、泥石流等灾害的地段。

3. 预防保护区

预防保护区是指道路直接影响区以外，可能对施工或道路营运构成严重威胁的主要分布区。如威胁道路的流动沙丘、危险河段等的所在地。

（三）水土保持方案的主要内容

1. 水土保持方案防治目标

（1）人为新增水土流失得到基本控制。全面控制道路建设中可能造成的新的水土流失，防治责任范围的水土流失治理度达到100%。

（2）原有地面水土流失应得到有效治理。土地生产力得到有效的恢复和重建，扰动土地治理率达到95%以上。

（3）项目区林草植被得到有效恢复和重建，植被恢复系数达到95%以上，可绿化区域林草植被覆盖率达到95%以上。

（4）保障道路运行安全，沿线生态环境和行车条件明显改善。

（5）水土流失拦渣率达到95%以上。

（6）土地裸露期要求不超过3个月。

（7）方案实施为沿线地区实现可持续发展创造有利条件。

2. 水土保持方案的防治重点及措施

防治人为新增水土流失及土地沙质荒漠化为方案的防治重点。总的防治对策为：控制影响道路施工与运营的洪水、风口动力源；固定施工区的物质源，实现新增水土流失和自然水土流失二者兼治。

（1）道路建设区为重点设防，重点监督区。工程基建开挖和采石取土场开挖，应尽量减少破坏植被。废弃土石渣不许向河道、水库、行洪滩地或农田倾倒，应选择适宜地方作为固定弃渣场，并布设栏渣、护渣和导流设施。对崩塌、滑坡多发区的高陡边坡，要采用消坡分级、砌护、导流等措施进行边坡治理。施工中被破坏、扰动的地面，应逐步恢复植被或复垦。道路沿线还应布设必要的绿化，起到美化和生物防护功能。

（2）直接影响区为重点治理区。在道路沿线，根据需要布设护路、护河（湖）、护田、护村（镇）等工程措施，还应造林种草，修建梯地、坝地，达到保护土地资源、减少水土流失，提高防洪、防风沙的能力，并减少向大江大河输送泥沙。

（3）预防保护区以控制原来地面水土流失及风蚀沙化为主，开展综合治理。

（四）水土保持防护体系设计

根据各水土流失防治类型区的水土流失特点、防治责任和目标，遵循预防与治理相结合、植物与工程措施相结合、治理水土流失与绿化美化、恢复生态环境相结合的原则，统筹布局各类水土保持措施，形成完整的水土流失防治体系。

工程实例（深圳市坂澜大道市政工程水土保持方案）：

坂澜大道位于深圳西北部，跨越宝安、龙岗两区，道路南起贝尔路交叉口，途经稼先路、环城北路、中浩一路、坂李大道、跨越机荷高速道路，北至环观南路。主线全长6.5 km，沿线共设置高架桥3座，分别为机荷跨线桥、樟坑径水库高架桥和环观南路高架桥，桥梁总长约1.2 km。道路红线宽50 ~ 70 m，设计速度50 km/h，桥梁设计荷载城 -A 级，沥青混凝土路面，双向六车道城市主干路标准设计。

主要工程量：挖方量为292.58万 m³，填方量为197.38万 m³，弃土为95.2万 m³。

项目区属构造剥蚀丘陵、丘前盆地及沟谷河流地貌。区内土壤和植被类型受人为因素影响较小，多为原生土壤和植被类型。道路经过区域土壤类型以花岗岩赤红壤为主，部分路段为花岗岩风化物和残积土，残积土厚度较大，有球形风化物。项目区水系为观澜河水系，无大的河流。

道路全长6.5 km，进入基本生态控制线约4.13 km，穿过区多为林区，项目立项前已由甲方向社会公示。主体设计已采取措施减小对沿线生态的破坏。主要措施有：进行多线位比选，减少大填大挖，避让工程不良地质地段；隧道和高边坡方案比选；高边坡防护措施得力，采用生态边坡，避免道路运行中产生边坡病害；路面和边坡雨水分别排放，避免污染水源；线路经过水库范围设置防坠落拦阻装置，相关排水设施考虑车辆翻滚后的污染防治措施等。

项目区现状整体水土流失较轻，区内大多为建成片区及林地，地面多已硬化或有植被覆盖，人为扰动较少，水土流失不明显。

道路的建设将不可避免地造成一定量的水土流失。根据水土流失分析预测，道路施工对道路建设区原地貌、植被造成扰动面积总计约 99.64 hm²，施工期新增加水土流失量约 19208.71 t。假如不加以有效的防治，任其发展，水土流失程度将进一步加剧，将严重破坏周边生态环境，对周边居民、道路造成影响，导致沿线生态环境恶化，造成一系列严重危害。

针对该情况，水保方案治理的重点将放在道路边坡防护、施工临时措施与弃土场防护上。

我国水土资源总量丰富，但后备水土资源不足，所以，道路建设必须重视水土保持设计，保护水土资源。

第二章 桥梁工程建设

第一节 桥梁工程测量技术现状

随着我国社会经济的快速发展，促进桥梁行业的发展速度也在不断提高，同时桥梁工程施工的数量也在逐渐增加。桥梁工程在实际施工的过程中，测量施工技术与整体工程施工质量之间具有密切的联系，所以，在这样的情况下，就需要相关部门和工作人员提高对桥梁工程施工测量技术的重视程度，确保测量技术能够充分发挥其自身的作用和价值，从而保障能够为桥梁工程施工的开展奠定一个坚实的基础。因此，本节主要针对桥梁工程施工测量技术的发展现状和发展方向进行分析，并且提出科学合理的建议。

我国当前科学技术的发展水平在不断提高，逐渐出现了一些先进化的测量技术，并且也在桥梁工程施工中得到了广泛推广和运用，能够充分发挥其自身的作用和价值，还能够满足当前时代发展的需求和标准，确保桥梁行业能够逐渐趋向智能化和自动化的方向发展。但是依照相关调查数据显示，大部分桥梁工程在实际运用测量技术的过程中，还是会存在一些不合理的问题，这样就会对整体工程施工的开展造成影响，严重的情况下，还会导致桥梁工程施工质量得不到保障。所以这就需要施工企业提高对其的重视程度，并对测量技术的未来发展方向进行分析，从而避免对桥梁行业的发展造成影响。

一、现阶段工程测量技术的发展现状

（一）地面测量仪器的发展

依照相关调查数据显示，各个时期国家对于测量仪器和测绘技术的研究工作都非常重视，促进现阶段逐渐出现一些先进化的地面测量设备。在实际运用的情况下，不仅能够为工作人员创造一个良好的工作环境，还能够提高工程测量数据的准确性和可靠性，从而保证能够满足现阶段时代发展的需求和标准。桥梁工程在实际施工的过程中，对于一些比较困难的测量位置来说，如果采取传统的测量技术，只是能够通过单一的人工测量方式，对其进行测量，这样不仅会对工作人员自身的生命和财产安全造成威胁，还会导致测量数据出现不准确的问题。在这样的情况下，如果能够运用先进化的测量技术，不仅能够保证工作人员自身的生命安全，还能够加强测量数据的准确性。由此可见，传统测量技术对于一

些隐蔽的位置不能够对其进行测量，导致数据出现不准确的问题，而运用先进化测量技术的情况下，就能够避免施工现场出现不合理的问题，从而保障能够为桥梁工程施工的开展提供帮助。

（二）GPS定位技术的运用

我国当前大部分行业在实际发展的过程中，普遍都会运用GPS技术，能够充分发挥其自身的作用和价值，同时能促进各个行业的快速发展。在实际运用GPS技术的情况下，能够显示非常准确的位置信息，还能够实现自动化测量距离的目标，整体操作流程也非常简单。依照相关调查数据显示，我国在引进GPS技术后，能够充分发挥其自身的作用和价值，从而保障能够满足测量工作的需求和标准。

（三）数字化测量技术的运用

桥梁工程在实际开展测量工作的过程中，大比例尺地形图测绘工作在其中占据较重要的位置，其自身具备复杂性的特点，包含多个方面的内容，这样就会导致相关数据的准确性不能够满足施工中的需求和标准。对于传统测量技术来说，主要是通过人工的方式对其进行测量，而在这样的情况下，经常会遭受到外界环境因素的影响，导致测量数据存在不准确的问题和现象。如果能够运用现阶段数字化测绘技术，就能够避免多个方面的问题，还能够促进测量工作趋向数字化和信息化的方向发展。此外，传统大比例尺地形图测绘技术需要专业化的工作人员长期在室外对数据进行测量和分析，这样就会导致数据存在单一性的特点，也不能够实现大批量生产的目标，数据准确性也较低，从而导致测量数据不能够满足当前时代发展的需求和标准。随着我国当前科学技术的快速发展，开展测量工作的情况下，都在不断运用先进化的测量技术，通过这样的方式，就能够集中将数据对其进行分析，并且能够自动化将数据进行汇总。这样不仅能够满足工作人员工作的需求，还能够提高工作的效果，并节约测量工作的成本，从而保障能够为社会经济的发展奠定一个坚实的基础。

（四）摄影绘图技术的运用

对于摄影绘图技术来说，对于工程测量工作的开展具有重要作用和意义，在实际运用的过程中，不仅能够减少测量工作的难度和工作量，还能够提高测量工作的效率，能够充分发挥其自身的作用和价值，还能够满足行业发展的需求和标准。桥梁工程在实际开展测量工作的情况下，如果能够将设备绘图技术与计算机技术进行融合，就能够通过计算机技术形成三维立体空间图形，从而保证能够为桥梁工程测量工作提供科学合理的数据。另外，在运用摄影绘图技术的情况下，能够获取精确度较高的数据和资料，具备多个方面的优势和特点，还能够降低一些难度较高测量工作的难度，从而保障能够满足时代发展的需求和标准。

二、工程测量技术的未来发展状况

工程测量技术与各个行业的发展之间具有密切的联系，所以，这就要求相关部门和工作人员提高对测量技术的运用状况和发展的重视程度。桥梁工程在实际开展测量工作的过程中，必须要对测量和设备自身信息处理能力进行高度重视，并且对其进行检测，确保各个方面的处理性能都能够满足相关规定和标准，保证能够满足桥梁工程施工中的需求和标准。对于工程测量技术来说，必须要保证能够趋向多元化的方向发展，并积极与一些先进化的理念与原则进行结合，确保能够加强工程测量技术的水平，从而保障能够为测量工作的开展奠定一个坚实的基础。依照相关调查数据显示，我国当前大部分桥梁工程在实际施工的过程中，逐渐提高对工程测量技术的需求和标准，而现阶段科学技术的发展水平在不断提高，各个行业也都逐渐趋向自动化和科技化的方向发展，所以，在这样的情况下，就需要相关部门和工作人员提高对其的重视程度，并采取科学合理的优化措施，保证能够加强工程测量技术的水平，避免传统测量技术运用中出现不合理的问题，从而保障能够满足桥梁工程测量工作中的需求和标准。此外，在实际运用工程测量技术的情况下，还需要不断拓展测量技术的应用范围，这样不仅能够简化测量工作的流程，还能够提高测量工作的效率，确保工程测量技术能够充分发挥其自身的作用和价值，而相关部门还需要随时代发展的需求，将测量技术进行优化，确保工程测量技术能够趋向智能化和自动化的方向发展，从而保障能够为科学技术的发展提供帮助。

综上所述，桥梁工程在实际开展测量工作的过程中，必须要积极运用一些先进化的测量技术，但是依照相关调查数据显示，我国当前桥梁工程在实际施工的过程中，桥梁工程测量行业逐渐趋向一体化自动化、以及智能化的方向发展，通过这样的方式，就能够实现信息和数据共享的目标，最终保障能够满足社会经济的发展需求和标准。

第二节　桥梁工程质量控制要点

由大量实际案例可知，现阶段我国的市政桥梁工程在竣工验收之后正式投入使用的过程中，通常存在质量上的问题，特别是市政桥梁过渡段经常出现质量问题，这对整个工程使用的经济性和可靠性造成非常严重的影响。因此，文章就市政桥梁在投入使用之后出现的质量通病进行分析、总结以及归纳，并且针对这些普遍的质量通病提出相应的解决措施，切实有效地提高我国市政桥梁建设的经济效益和质量水平。

近年来，我国社会经济和市场经济的发展速度越来越快，在此背景下，我国城市规划建设的发展速度也在不断加快，这给城市交通运输带来了很大的压力，为此，对市政桥梁工程的建设质量和水平也提出了更高的要求。在进行市政桥梁工程建设过程中，一定要严格控制施工质量，严格监督工程建设中的任何一个环节，这样可以有效提高市政桥梁建设的整体水平和质量，确保其工程建设能够顺利完成。

一、市政桥梁工程质量中存在的通病

（一）桥梁裂缝质量问题

当前我国市政桥梁建设中的主要材料是混凝土，但是这种桥梁的质量通病就是容易产生裂缝。由于在桥梁建设过程中存在后期养护不完善、质量监管不到位和施工技术不合理等情况，这些因素都可能会造成市政桥梁质量不过关，或者建设施工达不到相关设计要求，在投入使用后由于其质量不满足复杂的运用环境和车载压力，导致市政桥梁出现裂缝等问题，这就会给市政桥梁工程造成非常大的安全隐患[1]。在整个市政桥梁建设过程中，其桥梁结构通常为预应力连续钢梁结构，这种桥梁结构在正式投入使用后会容易发生断裂或者裂缝等问题，导致桥梁出现严重倾斜，这会对市政桥梁的可靠性和安全性造成严重影响。

（二）桥梁道路沉陷质量问题

在市政桥梁项目建设过程中，外部环境、内部环境以及地下管线等因素都会对桥梁的施工造成一定的影响，再加上在建设过程中没有健全的、严格的质量监管制度，导致市政桥梁建设的基层处理和基层施工没有达到相关的设计要求和相关质量规定，桥梁出现沉降情况，这会对整个桥梁工程的服务水平和安全质量造成严重的影响。

（三）桥梁伸缩缝跳车质量问题

在市政桥梁工程建设过程中，对于建设桥梁的伸缩槽而言，通常是将沥青体切开后，将定制的伸缩缝结构放入切槽中，并且在安装伸缩缝的过程中，仅通过水平尺对桥梁进行简单的参照标高定位，并没有严格按照国家的相关规定进行施工，而且在伸缩缝结构安装之后，直接进行混凝土浇筑。这种建设方式，无法有效控制其施工质量，同时，由于市政桥梁建设的工期要求较短，所以，在桥梁建设或城中浇灌的混凝土结构还没有完全干透，或是桥梁建设还没有完全达到国家相关标准的时候就不能投入使用。在气温变化和车载压力等情况发生变化时，桥梁的伸缩缝会发生严重的脱落、下沉、破坏等问题，导致桥梁出现错台、高差等情况，会严重降低桥梁的使用感。

（四）桥梁漏水问题

在市政桥梁建设过程中的又一质量通病就是桥梁漏水问题，由于市政桥梁建设过程中很难真正实现全封闭状态，再加上城市交通的压力在日益增大，这就会让市政桥梁的建设施工始终处于比较复杂的环境中，这也给桥梁在投入使用后的维修以及养护等工作带来非常大的难度，不及时维修、不到位养护等都是造成桥梁漏水的重要因素。一些市政桥梁工程在建设过程中，没有建设完善的防水功能，这也是导致桥梁出现漏水问题的一大主要原因。

二、市政桥梁工程的质量控制要点

（一）施工前的质量控制

在市政桥梁建设过程中，想要有效确保施工质量，就一定要将前期的准备工作做好。在这一前提下，一定要对前期的施工质量控制予以重视，其中包括对施工原材料质量的控制、施工工程图的控制、施工机械设备的控制以及施工人员技术与平的控制等，这些因素都是前期准备工作中必不可少的。想要切实提高市政桥梁建设的施工质量，就一定要对其施工设计图进行严格的审查：工程设计图的内容是否翔实准确，是否符合实际的施工环境；施工原材料的质量是否符合国家标准，原材料的采购渠道是否正规可靠；具体施工人员的专业水平是否过硬，是否拥有相关的资质认可；所选择的施工设备、施工机械以及施工安全防护设备是否满足实际施工需求。

在市政桥梁正式建设之前将准备工作做好，将桥梁下部的基础处理平整，结合实际的施工方案需要科学测试导线点和水准点，在开展放样的工作时一定要使用全站仪和水准仪，并且要科学和合理地勘测桥梁建设的准确位置，保证在桥梁建设工程中放样环节一定要符合国家的精度要求标准，对不符合标准的要进行及时补充[5]。在整个市政桥梁建设质量控制方面，不仅要对其施工程度进行精密测量，而且对于各个桥墩的位置、规格等方面而言，一样要严格要求其精密度，通过放样方式测定出科学且符合标准的数据，对桥墩建设的最佳基点位置进行确定，将相应的基础性轴线、地面高度、边线位置等数据准确地标注出来。

（二）施工中的质量控制要点

（1）施工工艺控制。在市政桥梁正式建设施工过程中一定要加强对基础开挖的质量进行严格控制，这一环节的质量控制主要包含两个方面：①对基坑开挖的质量进行控制；②对基坑回填的质量进行控制。在开始挖掘基坑之前，要对基坑周围的基槽降水以及地表截水等情况进行详细了解，确定基坑开挖的放样质量，确保将基坑中挖掘出的土方运送到指定位置。在完成基坑挖掘之后，要对基坑的尺寸进行测量，确保基坑的各项参数都与设计要求相符，相关质量监管部门要开展严格的质量验收工作，在基坑各项数据都符合标准之后，在开展下一步工作。在开展基坑回填工作时，首先要对回填土的密度进行严格控制，确保基坑回填土严实牢靠，与相关设计的各项要求相符，在基坑回填工作的各项检验都合格之后，再开展下一步工作。

（2）混凝土失控质量控制。对市政桥梁建设所使用的混凝土的质量进行严格控制，这一步工作的开展应该从确定混凝土混合比例开始，结合材料本身性能和实际的施工环境，在实验室中对混凝土的混合比例进行反复试验调整，让其混合比例最为科学合理，并且要对坍落度进行严格控制。在对薄壁墩进行混凝土浇筑的过程中，它的施工设备应该采用料斗装料，塔吊吊运的施工形式。在进行正式的混凝土浇灌工作之前，应该对施工使用的水泥的各项指标进行复检，其复检数据和来料信息相一致时，才可以投入使用，并且要严格控制石料沙子的含水率，将这些数据和实验室的各项数据进行对比，以确保浇灌混合料的配合比最合理。当确定好混合料的配合比之后，再进行混凝土搅拌，并且严格控制搅拌时间，最好是 3 ~ 5min，通过观察，混凝土的搅拌效果达到均匀、颜色统一即可，然后再对钢筋、模板等进行严格检查，确认钢筋顺直干净，模板光洁平整，在此条件下，开展混凝土的浇灌工作。在实际浇灌过程中，应该根据相应浇灌要求，进行对称均匀浇灌，混凝土的浇灌厚度通常不超过 30 cm，浇灌高度严格控制在与模板相平齐的位置。应该对混凝土进行充分、均匀的振捣，其施工进程一定要严格按照相关规定，一定要避免过振、漏振的情况出现。对墩身进行导振时应该采用交错次序的方式插入导振棒，导振棒的插入深度以 50 ~ 70 cm 为佳。

（3）线形控制。在市政桥梁建设过程中，多种原因都会导致桥梁结构出现变形的情况，造成实际施工和设计方案存在较大差异，没有办法将桥梁合龙到一起。为了让桥梁建设过程中的这一问题得到有效解决，使市政桥梁在建设之后的平面位置和高度标准能够与设计要求相符合，确保工程项目能够顺利完工，一定要在施工过程中对线形进行严格控制[7]。结合市政桥梁建设的实际需求，线形控制可以分为两个方向，即纵向线形控制和平面线形控制。其中，相对比较容易控制的就是平面线形控制，这一控制方式更多地会应用在弧线桥梁建设过程中进行控制。纵向线形在实际施工过程中控制起来相对比较困难，如果控制不好就会引起各种问题，给桥梁施工带来各种困难，严重的会导致桥梁外形发生变化，对此，在实际桥梁建设过程中一定要对这方面予以足够的重视，最大限度地避免误差出现。

（三）工程竣工阶段的质量控制要点

在市政桥梁项目竣工验收的过程中，应该对沉井、地基以及灌注桩等均要进行严格仔细的检查审核，确定市政桥梁的实际建设情况与设计图纸的各项数据相符合。如果在检验过程中发现有数据与设计要求存在差异，就一定要及时采取相对应的措施进行处理，对桥梁进行适当的加固或者是返工，以确保桥梁建设的质量以及其中涉及的各项标准都能够满足实际需求。

综上所述，对于市政桥梁建设质量控制而言，这一项工作是具有一定复杂性和困难性的，整个质量控制工作的开展应该从施工前的质量控制开始，包括原材料的采购和检验、设计图的控制以及施工设备和机械的选择等多个方面，前期质量控制是否有效，会对后期项目建设的各个环节以及项目的所有参与人员的工作开展造成严重影响。为了确保市政桥梁建设的工程质量，还需要对实际施工过程中会涉及的各个环节进行严格把控，对整个从城项目的质量造成影响的各个关键进行严格的控制。同时，在竣工检验期间，还要加强对桥梁工程的每个环节进行严格的验收检查和复查。如此，才可以确保市政桥梁建设的各项标准都可以满足设计要求。

第三节　桥梁工程机械维护三原则

在桥梁工程建筑中，机械无疑充当着"利器"的功能，其维护质量的好坏直接关系到桥梁工程的成败与效益，机械设备质量好与坏，对桥梁工程整体的质量有着重要的影响，只有对相关机械设备进行正确的使用及维护，才能保障桥梁工程项目的顺利实施，并使企业获得经济效益。本节拟从桥梁工程机械维护角度，集中讨论桥梁工程机械维护的"闭环三原则"：因天制宜原则、因地制宜原则和因人制宜原则，以期为提升桥梁工程机械维护质量和确保工程效益提供参考。

一、闭环三原则的依据

（一）理论依据

《孙膑兵法·月战》指出："天时、地利、人和，三者不得，虽胜有殃"，工程机械维护莫不如此，唯有三者紧密结合方能决胜于千里之外。因为，桥梁工程建设往往是在恶劣的野外环境，一切相关活动没有不受制于"天、地、人"三大要素，因此，桥梁工程机械维护也必须围绕这三大要素展开，需求三者的互补统一和有机融合。

（二）问题依据

问题是对策的依据，寻找答案前首先要知晓问题何在，在大型桥梁工程建设中机械维护常见的问题如下：第一，忽略了天时对机械的磨损和破坏作用在机械维护管理中的重要性；第二，忽视了地理环境对机械损坏力在机械维护管理中的重要性；第三，对相关人员的管理和培训不到位，具体体现为在宏观方面对桥梁工程进行设备管理较差、对桥梁工程机械设备的维修护理水平较差、桥梁工程机械设备使用的不规范、在桥梁工程施工中机械设备的利用率较低或者表现为不能合理使用施工器械设备、对施工机械设备保养检修不够重视、机械设备操作人员的专业素质不高等，因此应当从"天、地、人"三方加以综合考虑，以提高桥梁工程机械维护效益。下面结合具体工作分别论述桥梁工程机械维护的"因天制宜、因地制宜、因人制宜"闭环三原则。

二、闭环三原则的内容

（一）因天制宜原则

桥梁工程通常在野外作业，其机械常为大重型，而置于户外的概率相对较高，因此，天气是其机械维护中一个无法回避的要素。实际上，因为天气而引发的机械故障，往往给工程带来不可预测的困境，这涉及存放地点、存放环境等。首先，在阴雨连绵的季节里，机械存放地点十分重要，尤其是经常露天放置的机械更为重要。通常，机械适宜存放在位置高处，从而避免机械浸泡而导致无谓的耗损，所以，切忌放置在低洼地带。其次，机械一般对存放环境要求严格，最好置于干燥温度适中的环境中。因为长期置于潮湿的环境中，机械容易发生氧化，导致磨损，缩短使用寿命，因此，在选择存放地时，一定要考虑其空气干燥度，同时，通常气温又不宜过高，不宜长期置于烈日下暴晒，同样对机械容易造成伤害，因此在炎炎夏季，一定要置于干燥室温环境中。

（二）因地制宜原则

地理环境同样是桥梁工程机械维护一个重要因素。首先是地理安全要素。大型机械存放处一定要放置在"过硬"的地理环境，回避不安全的地理环境。这种不安全性主要来自两个方面：一方面，当地地质本身不结实，容易塌方，尤其是大雨或地震引发的塌方；另一方面，工程引发的地质塌陷。无论何种原因引发，都会造成机械损失，这是使用人员不太关注的软肋。因此，我们建议，首先选好安全地（或建设安全地），统一放置。其次，充分考虑本地水与土成分要素。各地水土环境不同，有些地区水土中含有大量的酸碱度不同的矿物质，无论哪种都可能潜伏着"机械侵蚀"危险。水土的酸碱性直接影响到机械的使用寿命和效益，因此，分析作业区水土酸碱度也是桥梁工程机械维护的必修课，碰到此类问题，主要有两个方案：第一，根据酸碱度选择不同器材的机械；第二，及时清理残留在机械上的水土。

（三）因人制宜原则

人是一切活动的最终因素，因此，因人制宜是桥梁工程机械维护的终极原则。

从我们的工作实际来看，这方面必须重点关注四个要素：第一，培养主人翁意识。只有把集体当家的人，把集体财产当自己财产爱护的人，才能自觉地履行好机械维护职责，这是从思想意识上确保机械得到有效维护，但缺乏强制性。第二，提升职业技能。机械维护其实是一项对人的知识技能要求极高的工作，比如关注气候变化、识别地理环境、熟悉机械性能与材料等，因此，经常进行职业培训、提升相关人员素养是提高机械维护的必修课，这是从本领上确保机械能得到有效维护。第三，加强制度建设。制度是工作的基本保障，严格机械进出制度、存放制度、绩效制度、奖惩制度是确保公平和高效的底线，这是从外部强制确保机械得到有效维护的刚性条件。第四，上面是普通的因人制宜原则，或广义的因人制宜原则。狭义上的因人制宜原则就是将上述广义因人制宜原则具体针对机械维护人员个体的有效实施。由于每个人的道德品质、知识技能和综合素质存在个体性，因此主人翁意思的培养、技能的提升和制度的制定与执行就不能千篇一律，而应该因人而异、因材施教，但其根本手段和任务相同，做到内外手段结合、大小机械好用。

桥梁工程机械因其具有自身独特的作业环境，如气候、地理和人文等，因而在机械维护上具有自身的特殊要求和困境。本节结合自身工作经验和教训，立足中国传统文化，提出"因天制宜、因地制宜以及因人制宜"三原则，在这三原则中，因人制宜是最根本性的原则，在实际工作中，牢记"天时不如地利，地利不如人和"（《孟子·公孙丑下》）。

第四节 桥梁工程质量监督

我国经济快速发展，一些基础建设规模不断提升，特别是关系到国计民生的桥梁建设，其整体规模和数量不断提升，在原有基础上又向前迈进一大步。本节主要通过对桥梁工程质量监督问题的分析，提出科学有效的管理方法，以此来有效保证桥梁工程质量。

随着社会快速发展，人们对交通质量要求也越来越高，在经济不断发展的前提下，我国交通基础设施建设也得到了快速发展，全面满足着人们生活需求，推进了社会发展与进步。桥梁建设关系到国计民生，是最为基础的建设项目，随着建设任务逐年增多，其质量问题也层出不穷，为了确保工程质量和进度，需要全面做好质量监督，根据桥梁建设标准、国家有关法规、现行技术规范、质量评定标准等，全面做好桥梁的质量监督与控制，以此来提升桥梁建设质量，事实证明，只有全面做好质量监督，才能保证桥梁工程质量。

一、桥梁工程质量监督思考

（一）必须要建立严格的规章制度

要从高起点做好桥梁工程质量监督，从严做好要求，通过高标准要求保证整体工程建设的质量，桥梁质监站需要全面发挥职能作用，根据《公路工程质量监督暂行规定》的基本要求，使桥梁工程质量监督规程和职责更加规范。日常做好材料审核，特别是对相关重点工程的建设单位报送文件及资料，做好严格审查。各站要对受监桥梁做好审核，对不符合要求的建设项目，要及时下达《监督通知书》和《桥梁工程质量监督工作计划书》，使被检查单位明确监督计划和目标，通过严格的职责和计划全面指导各项桥梁监督工作，确保监督科学化、合理化、标准化，只有全面执行制度规定，才能从根本上保证整体质量，监督控制好与坏，也对桥梁质量起到决定性作用。

（二）全面做好招投标控制和业主程序

实行桥梁施工公开招投标是当前最主要的项目获取方式，通过良好的招标，全面保证桥梁工程质量，这是基本条件，一定要从源头把好质量关，优选施工单位，严格施工程序。相关质监单位一定要全面负责，有效发挥好质量监督作用，对招标投标工作各个环节做好有效监督，严格审查各投标单位资质，保证招标投标工作合法、依规，通过合理的监督，避免施工单位非法或越级承包。要充分重视业主利益，通过有效的协调沟通，把握好业主关系，尊重业主质量管理程序，全面发挥好监督功能，对不规范、不合理工作程序和行为，要及时纠正，确保整体工程质量与安全。

（三）狠抓施工单位建设质量

施工单位与质量有着密切的联系，只有全面加强施工单位质量控制，落实与质量体系建设，才能保证工程建设质量，从根本上提升品质。质监部门要全面抓好质保体系建设，以此为切入点，有效做好各项监督。要对建设单位进行监督控制，从项目经理、技术人员到施工人员，均要层层明确责任。把责任落实到人头，通过严格的岗位管理，使各道工序都有责任人、专人专管、责任明晰。要对各道工序进行严格管理，当每一道工序完成后，需要进行必要的自检，然后再经由业主、监理签字确认，这样才可以进入下一步工序建设，有效保证各道工序的质量，就是为整体质量做铺垫。建设单位自检必须要抽调专门人员进行检查，指定具备一定施工经验、技术过硬、熟悉图纸的人员对相关质量进行检查，保证整体建设品质符合设计要求。

（四）严格监督监理工作

要有效发挥好桥梁建设工程监理作用，通过监理功能的发挥，全面确保并提高工程质量，充分发挥出三级质量保证体系环节功能作用，使监理工作真正到位。要充分保证监理人员素质和水平，根据桥梁建设工作计划和监理工作实施细则，有效发挥出职责效能，使监理权限在工程建设过程中发挥作用。严格控制好监理程序，对监理工作做好指导，日常要通过检查、考核，对不合格监理及时清退。

（五）巡视监督和驻地监督相结合

为了有效提高质量，需要对各施工现场进行不定期巡视监督，特别是对重点工程、关键标段，需要做好全程检查抽查，抓重点、抓关键和抓主体，通过抽查，及时发现问题并提出整改建议，对相关责任单位与人员进行跟踪，保证整改到位。

（六）积极参与重大方案变更

监督过程中，往往会遇到施工变更的问题，那么就应该积极参与进去，对施工变更的重大方案和关键技术难题做好研讨，不但能够全面了解变更的理由，更便于今后做好工程质量监督与控制，通过更加具有针对性的方式，做好各道工序控制。

（七）狠抓试验检测与工程验收

全面做好各项试验检测，通过检测保证质量，为工程建设提供可靠保障，要求每个工地必须建立工地试验室，增加检测设备、配备专业人员，监理需要全面进行抽查，保证抽检频率不低于20%。竣工验收是对桥梁建设的最后检查，通过各方面数据对项目进行评估。桥梁竣工后，相关的质监部门要委托有资质单位根据设计、条款以及标准进行全面的评估，对桥梁做好客观、公正质量评定，合格后再签发《工程质量鉴定书》，确保工程整体质量满足设计需要。

二、存在的问题和建议

（一）存在的问题

一是执法力度不够。桥梁工程关系到国计民生，但质量问题普遍存在，出现质量问题的成因较多。主要是监督执法地位不明确，执法手段单一，也没有力度，一些执法监督单位经常心有余而力不足。二是施工建设标准低。有一些建设单位为了降低施工成本，片面追求进度与工期，节省环节和简化流程，质量得不到保障。

（二）质量监督建议

要全面提高行政执法力度，从管理场面改变社会认知，强化管理职能，把量监督工作纳入法治化轨道。上级部门应赋予质监部门执法权限，如授予质监部门否决权和资金停拨权等，提高质监部门地位。不断加强相关管理人员的政策理论水平，提高专业能力，不断完善自身条件。

桥梁质量监督管理至关重要，要不断加强制度建设，及时做好三方监督管控，通过不断提升管理人员综合素质水平，做好桥梁施工监督控制，促进社会经济可持续发展。

第五节　桥梁工程监理工作

首先介绍了桥梁工程监理工作，随后分析了桥梁工程建设质量现状及桥梁工程建设监理工作中的问题，重点探讨了增强桥梁监理工作的有效性方法，比如加强监理人才的培养、完善监理管理组织机构、加强桥梁工程建设中的监理工作等措施，旨在为今后桥梁工程质量监理工作提供了参考。

一、桥梁工程监理工作简介

质量控制是工程建设的关键，桥梁工程施工条件复杂，工程质量受多方面因素影响。任何环节出现问题都会对工程整体质量带来严重的后果。工程监理人员必须对影响工程质量的原料、施工工艺等进行全面监理，从而保证工程建设质量与使用效果。

道路桥梁监理是监理单位受建设单位委托，依据法律合同规定，对建设工程进行全过程的监控。工程建设项目的设计、施工技术等都是影响工程质量安全的关键因素。为保证道路桥梁工程的质量安全，必须加强监理管理工作。大型桥梁工程建设任务繁重，监理在施工准备到竣工验收全过程都发挥至关重要的作用，所以，项目的顺利完成必须保证监理在每个环节都参与其中。

工程监理是除建设施工单位外的重要参与主体，履行好安全监理职责是确保工程的基础性工作。监理单位及监理人员在路桥工程中对施工安全及质量严格把控非常重要。

项目管理者要充分利用有限的可支配资源，促进项目活动顺利开展。项目质量管理是围绕项目质量进行的指挥控制等活动，由质量计划、项目活动以及组织结构组成，项目质量管理是系统的工程，需建立科学的质量保证系统。项目质量管理的影响因素主要有人员方面，机械设备、物资材料、工艺方法等。项目管理要做好事前到事后的全过程管理，不同阶段管理重点不同，在过程中是有机统一的整体。为实现工程质量目标提供保障。

二、桥梁工程建设质量现状

（一）桥梁工程建设质量问题

当前桥梁工程项目质量管理中存在监理失效的问题，一些项目质量管理做出了大量工作，但部分施工人员在具体实施方面执行力不强，存在一些违规操作等问题，施工中存在违章操作等现象，因此应认真分析桥梁工程项目质量管理中的问题，加强监理管理，保证工程建设质量。

桥梁项目中参与项目相关人员专业素质较低。专业项目质量管理人员较少，大多数质量管理人员为技术人员，其对项目质量管理方面的知识了解较少，工作中多靠经验管理。

技术岗位人员配备不齐，对技术跟踪指导不到位，个别技术人员未达到持证上岗的要求。对新材料设备接受能力较差。施工操作人员流动性较大，新进操作人员年轻员工较多，实际操作能力较弱。

材料是影响工程质量的关键因素，桥梁工程项目在材料采购验收等环节把关不严，相关采购法律文件不规范，采购环节一些材料未履行正常的招标程序，就近从周围小型砂石开采生产场地直接采购。供应商审核没有综合考虑工程质量技术标准的要求。

进场材料应由现场试验人员与厂家共同取样，材料检验人员分批次检验落实不到位，同生产厂家钢筋材料未做到更换批次。采购大宗材料相应的存放保护措施落实不到位，现场材料堆放密集混乱。

桥梁工程施工工序较多，各环节工艺要求不同，只有按既定的管理程序跟踪控制各环节工序质量，才能保证工程建设整体质量，但是一些桥梁工程建设中质量管理人员对各工序管理滞后。质监人员在跟踪控制中未严格遵守每个环节的程序，施工中受天气因素、不同施工机械影响，施工结果与质量存在出入，各检验评定资料未按工程进度及时形成书面材料归档，对是否出现质量问题无法查证。

（二）工程建设问题分析

桥梁工程项目出现质量管理问题有很多方面原因，主要包括施工队伍学习培训机制缺失，项目质量管理制度落实不到位等。项目负责人对项目质量管理培训工作不够重视是导致施工人员专业素质较低的重要因素。专业技术人才流失严重，从而造成当地各类人才技术力量相对薄弱，项目分包队伍人员流动性较大，企业不愿投入过多精力、财力培训。

桥梁项目为保证优质高效完成施工任务，确立具体的实现目标，制定各类规章制度，但许多管理制度与措施未有效落实。在具体执行中发生偏差。管理层对执行情况缺乏检查考核，具体操作人员在执行中比较随意，导致出现材料管理把关不严等问题。

项目管理层在会议上强调质量管理问题，但在实际中更注重成本与效益，实际管理中质量控制意识逐级减弱，一线管理人员与操作者过度追求进度降低成本。桥梁工程项目部设置管理人员不能很好地发挥作用，项目例会中对工程质量并未具体指出问题，一些质量通病未进行追责，质量监督控制弱化。

三、桥梁工程建设监理工作中的问题

在桥梁工程建设工作中主要存在缺乏市场行为规范，监理人员从业行为缺乏规范性及现场监管落实不到位等问题。监理招投标工作缺乏规范性，个别建设单位未严格按工程监理招标文件获取中标资格，监理单位盲目要求压价中标，忽视对建设单位专业水平的考量。监理企业行为缺乏规范性主要表现在通过不正当方式恶意压价，部分拥有高资质监理企业出卖行业资质，导致一些不具备建设资质的建设单位中标。

当前道桥工程监理主要任务是控制工程施工质量，但在实际工程建设中，监理人员并未按相关监理规范要求履行职责。在实际施工中存在旁站监理缺失的问题，导致施工环节缺乏质量监控。

四、增强桥梁监理工作的有效性方法

（一）加强监理人才的培养

监理人工作以合同作为监理依据，在履行合同时应具有高素质的监理人队伍，监理单位要重视监理人员的素质教育。首先应选派具备较高专业水平，有丰富的施工管理经验的人员担任监理成员的领导，注重培养年轻的人才。其次应该注重专门的贯彻标准培训，依据先进有效的质量标准进行控制。监理人员应具有较高的专业水平，通过查阅设计图及时发现施工中的缺陷，避免桥梁工程出现质量问题。

（二）完善监理管理组织机构

完善监理组织机构要强调具备合同要求的相应制度，工程项目中招标文件要求两级监理，在不同的施工单位中成立专门的监理小组，由丰富施工监理人员组建小组。及时监控施工现场环境，及时与施工单位相关技术负责人员沟通。

桥梁工程中监理工作要做到全方位多层次开展，根据工程实际情况制定相应的管理措施，检查施工技术人员是否满足相应资质要求。严格要求施工人员按操作规范操作，对现场监理小组严格按质量标准检查验收，旁站监理隐蔽工程施工全过程。

（三）加强桥梁工程建设中的监理工作

在桥梁工程建设中首先要严格控制材料进场，材料物资质量对工程质量有直接的影响。

每个项目实施中都需使用很多机械设备及施工材料，监理人员要严格控制入场材料。监督机械设备的使用运转情况，定期对现场操作人员及维修人员进行检查，考核其对质量标准的掌握情况，加强对考核不合格人员的培训力度，加强施工人员的质量意识与专业技术能力。

其次，要明确质量控制的要点，桥梁工程施工前，依据设计文件明确质量控制关键部位，应对施工质量控制重点环节事先做好技术准备，确保施工质量薄弱环节工序衔接落实执行。避免工程建设发生巨大安全事故。

最后，监理工程师必须要求各类人员做好工程建设原始记录，保证落实施工质量目标。明确规定每项工程质量检验合格后方可进入下一环节工序。同时，注重监理质保资料的记录。

（四）做好工程质量评价工作

质量评价是桥梁工程质量的基础保证，一些重大质量事故可能因设计施工监理等方面问题引起，桥梁工程建设过程及竣工后检验评价不准是很大的因素，如在工程质量评价中及时发现问题则能避免发生严重的质量事故。

我国道路桥梁工程建设已形成建设，施工与监理单位共同建设的程序，但桥梁工程质量受到很多因素影响。所以，应对桥梁工程质量进行客观准确的评价。

对工程质量问题要注意改进工程质量评价方法。现行的道路工程质量控制评价不够科学完善，评价桥梁工程质量可采用新的技术方法，如监理人机构制定新的评价方式，改进现行工程质量检验评价中分项工程权重分配的缺陷。

桥梁工程是我国道路建设中技术水平最高的工程，提高桥梁工程质量是工程监理的目标与责任，因此，加强桥梁工程监理检测手段，应提升监理队伍专业水平，保证桥梁工程建设质量。

第六节 桥梁工程建设现场管理

目前国内建设现场管理，是工程项目管理中的一个重要内容，建设现场管理贯穿整个施工过程。建筑施工企业的建设现场管理，它促进了建筑工程的发展。建设现场管理工作的好坏，很大程度上决定了企业的经营效益、企业信誉乃至企业的存亡问题。所以，现在国内很重视并且注重建设现场管理工作。随着我国现代化建设的不断深入，建筑业的市场竞争也越来越激烈，面对市场经济，适者生存，不适者淘汰。因此，中国建筑企业想要发展壮大，就必须运用现代管理的思想和方法，制定企业自己的建设现场管理标准。

一、建设工程现场管理影响因素

（一）建设工程现场管理人的因素

①桥梁工程施工困难，环境条件艰苦，愿意参加桥梁施工的技术工人偏少，桥梁一般分布在偏僻的地区。②桥梁工程，难度高，有高技术的工作人员少。桥梁的水下工程是重中之重，对于水下作业有经验的人员很少，一般的技术工人很难达到施工要求。③桥梁工程量大，人员分配不均衡。桥梁工程分为基座、桥墩和桥身三个部分，工程量颇大，人员分配很难均匀。

（二）建设工程现场管理机械设备因素

桥梁工程现场是陡坡和河流，机械设备很难安放到位。遇见陡坡就得进行场地的开挖，在陡坡上开挖场地实属不易，并且要求机械设备高空作业，条件艰苦、难度高。高空作业需要调动大型设备，对大型设备的调动可以说是难上加难。对机械设备的作业要求高，对机械设备的性能要求更是要达到指标。

（三）建设工程现场管理材料因素

桥梁工程一般近水，对材料的腐蚀严重。桥梁一般近山，对材料的堆放需求高。一般要求堆放在平整的场地，对材料的进出场要进行严格把控。材料应分为高空和遇水施工材料，对材料的性能要求全面，对遇水的和近水的材料要做出明确分析。

（四）建设工程现场管理工艺方法因素

桥梁工程施工，技术要求高。有的工序采用新工艺、新技术，还有专利技术，每一项工艺过程必须严格按照施工方案执行，不能有任何偏差，差之毫厘，失之千里。任何的失误都可能导致项目失败。

（五）建设工程现场管理环境因素

桥梁工程的环境艰苦，一般分布在遇山、遇水的地区，遇山不好开凿，遇水不好施工。遇山的地方潮湿，遇水的地方多雨。在潮湿多雨的情况下，不好完成水泥的浇注。施工环境的变化也会对施工产生影响。严格要求施工环境。由于环境的变化，不同的施工工艺可能产生不同的效果。比如，在混凝土浇筑中，在夏季施工时，混凝土浇筑的维护时间会很短，在冬季施工时，混凝土浇筑的维护时间需要延长。冬季低温情况下，混凝土浇筑会因为温度较低而出现冻结的现象，从而影响建筑物。例如，在高水位地区施工时，当基坑在雨季施工时，由于雨水浸没，基坑会发生塌方，最终影响到工程的承载能力。

二、建设工程现场管理措施

（一）建设工程现场对人的管理措施

保证工人的充足数量，并且让工人们有活干，工期就不会延迟，进度就得到保障。人力分配要均匀，尽量保证不出现窝工、少工、短工、缺工等现象，工程的工作量就会均衡，工程能按时完工，工期得到保障。桥梁工程是高精度、高难度工程，因为在质量方面要求高，安全危险性很大，所以在人力因素方面，要求特别的高。主要表现在桥梁工程要求操作人员的技能高，会引进高素质人才，并且对人员进行培训考核。还有对人员实行信息化智能化管理，如在每个工人的帽子后面粘贴二维码，以便对每个工人的信息得以核实。

（二）建设工程现场对机械设备的管理措施

一是要确保机械设备的质量是否满足要求，使用方式是否得当，有没有定时保养。二是看看出厂商是否符合规范要求，设备进场时是否按顺序来，有没有违反项目规定，应该对设备运行情况进行检查复核。三是要看设备的安放是否符合生产和现场安装要求。四是在设备运行的过程中有无异样，注意机械设备的合理使用，比如需要润滑油的地方，千万不能节省，要涂抹到位，让机械能正常运转，并且及时地对设备进行养护和调试。桥梁工程是高难度工程，要求机械设备的性能好，甚至利用新设备新工艺。

（三）建设工程现场对材料的管理措施

可以从进场、验收和放置三个方面入手来谈谈材料的管理，进场时要提高警惕，对材料进行检查，按相关规章制度执行，材料未经检查不得入场，材料进场时必须提交给相关人员进行检查。验收时，要注意材料的再度检查，不能出现蒙混过关的现象，要一笔一笔地挨个进行检查，不能漏掉一个环节。在放置上一定要注意环境因素，例如，钢筋容易生锈，不易堆放在潮湿的地方，要找个见光不见水的地方进行安置。在放置上还要注意材料本身的存放状态问题，因地制宜进行材料的安置。因为桥梁是百年大计，要求材料品质高，就得对材料验收合格，所以要有专门的验收过程与验收人员。

（四）建设工程现场对工艺方法的管理措施

决策者要制定相应的工艺研制策略与创新激励机制，企业对于产品的开发，具有盲目性、投机性以及缺乏方向性，这就需要我们制定相应的工艺研制策略，来进行逐步分解，让问题得以化解。我们可以明确开发和工艺研制的目标，根据市场需求因地制宜研发出符合生产需求的水泥，来实现我们的生产目标。我们还可以对研发人员实行奖励制度，来提高人员对生产工艺的关注，对研发的热爱。从而激励越来越多的人员参与进来，为提高工艺奉献自己的力量。因为桥梁的后续保修难度大，所以需要保证施工工艺和方法，每种施工工艺必须成熟，而且方便施工。

（五）建设工程现场对环境的管理措施

由于桥梁工程施工环境复杂，施工难度大，专项工程就需要有专家论证，严格履行专项施工方案。这就要求我们算准工期，在晴天完成施工，避开雨季。也要求我们对环境加以改造，把陡坡开凿成平整场地，等河水水位降低一些在进行施工。还要求我们因地制宜进行施工。在水下的施工，尽可能在水面上完成作业，再放入水下。在水面上的施工尽量符合环境要求。

总而言之，提高建设工程现场管理水平，可以很大程度上提升工程项目建设的效益与质量。对此建设单位首先要重视"人、机、料、法、环"的管理，才能认识到这项工作的意义，在开展过程中提升其有效性与合理性，只有这样建设单位才可以将项目的整体效益提高。由于桥梁工程建设难度大，影响因素多。对此工作人员要根据实际情况来进行分析，采取有效措施来应对，从而明确"人、机、料、法、环"管理工作的有序进行，为企业发展提供重要支持。

第三章　桥梁工程技术

第一节　桥梁的类型及其组成

一、我国道路桥梁类型概况

我国机械设备工业随着经济发展而发展，这为我国修建各种道路桥梁提供了有力保障。再加上广大桥梁建设者的精心设计和施工，使我国建设道路桥梁的水平已经跃身于世界先进行列。我国国土辽阔，经济发展水平不平衡，总体经济水平不高。道路桥梁发展还是要着眼实际，在量大、面广的一般大、中桥其桥梁仍然以预应力混凝土结构为主。本节系统地介绍了五种常见桥梁，用以指导桥梁设计。

（一）板式桥

板式桥是道路桥梁中量大、面广的常用桥型，它构造简单、受力明确，可以采用钢筋混凝土和预应力混凝土结构；可做成实心和空心，就地现浇为适应各种形状的弯、坡、斜桥，因此，一般道路、高等级道路和城市道路桥梁中，广泛采用。尤其是建筑高度受到限制和平原区高速道路上的中、小跨径桥梁，特别受到欢迎，从而可以减低路堤填土高度，少占耕地和节省土方工程量。实心板一般用于跨径 13 m 以下的板桥。因为板高，挖空量很小，空心折模不便，可做成钢筋混凝土实心板，立模现浇或者预制拼装均可。空心板用于等于或大于 13 m 跨径，一般采用先张或后张预应力混凝土结构。先张法用钢绞线和冷拔钢丝；后张法可用单根钢绞线、多根钢绞线群锚或扁锚，立模现浇或预制拼装。成孔采用胶囊、模板或一次性成孔材料如预制薄壁混凝土管或其他材料。

钢筋混凝土和预应力混凝土板桥，其发展趋势为：采用高标号混凝土，为了保证使用性能尽可能采用预应力混凝土结构；预应力方式和锚具多样化；预应力钢材一般采用钢绞线。板桥跨径可做到 25 m，目前有建成 35 ~ 40 m 跨径的桥梁。在笔者看来跨径太大，用材料不省，板高矮、刚度小，预应力度偏大，上拱高、预应力度偏小，可能出现下挠；若采用预制安装，横向连接不强，使用时容易出现桥面纵向开裂等问题。由于吊装能力增大，预制空心板幅宽有加大趋势，1.5 m 左右板宽是合适的。预制装配式板应特别注意加强板的横向连接，保证板的整体性，如接缝处采用"剪力键"。为了保证横向剪力传递，至少在跨中处要施加横向预应力。建议中、小跨径板桥，应该由交通行业主管部门组织编制标准图，这样对推动道路桥梁建设，提高质量，加快设计速度都会带来明显的好处。

（二）梁式桥

以受弯为主的主梁作为主要承重构件的桥梁。梁式桥按不同性质可有不同的分类。按照实腹梁的截面形式可分为板梁、口形梁、T 形梁或箱形梁等。按照主梁的静力图式又可分为简支梁桥、连续梁桥和悬臂梁桥。按结构体系分为简支梁、悬臂梁、连续梁、T 形刚构、连续刚构等。按上部结构的材料分为木梁桥、石梁桥、钢梁桥、钢筋混凝土梁桥、预应力混凝土梁桥以及用钢筋混凝土桥面板和钢梁构成的结合梁桥等。木梁桥和石梁桥只用于小桥；钢筋混凝土梁桥用于中、小桥；钢梁桥和预应力混凝土梁桥可用于大、中桥。按主要承重结构的形式分为实腹梁桥和桁架梁桥。实腹梁桥的截面积主要由弯矩决定，而弯矩大致与跨度的平方成正比（均布荷载条件下），当跨度大时，梁的腹板上的平均法向应力颇小，不能使材料充分利用，所以跨度不宜做得太大；桁架梁桥的杆件承受轴向力，材料能充分利用，自重较轻，跨越能力大，所以多用于建造大跨度桥。实腹梁桥构造简单，制造与架设均较方便。由于这两种梁式桥的受力性质不同，实腹梁桥以用于预应力混凝土桥为主，而桁架梁桥则多用于钢桥。

现从以下几种常用的结构形式介绍梁式桥在道路桥梁上的使用和发展趋势：①简支 T 形梁桥，T 形梁桥在我国道路上修建最多，早在 20 世纪五六十年代，我国就建造了许多 T 形梁桥，这种桥型对改善我国道路交通起到了重要作用。20 世纪 80 年代以来，我国道路上修建了几座具有代表性的预应力混凝土简支 T 形梁桥（或桥面连续），例如河南省的郑州、开封黄河道路桥，浙江省的飞云江大桥等，其跨径达到 62 m，吊装重 220 t。T 形梁采用钢筋混凝土结构的已经很少了，从 16 m 到 50 m 跨径，都是采用预制拼装后张法预应力混凝土 T 形梁。预应力体系采用钢绞线群锚，在工地预制，吊装架设。其发展趋势为：采用高强、低松弛钢绞线群锚；混凝土标号 40 ～ 60 号；T 形梁的翼缘板加宽，25 m 是合适的；吊装重量增加；为了减少接缝，改善行车，采用工形梁，现浇梁端横梁湿接头和桥面，在桥面现浇混凝土中布置负弯矩钢束，形成比桥面连续更进一步的"准连续"结构。②连续箱形梁桥，箱形截面能适应各种使用条件，特别适合于预应力混凝土连续梁桥、变宽度桥。因为嵌固在箱梁上的悬臂板，其长度可以较大幅度变化，并且腹板间距也能放大；箱梁有较大的抗扭刚度，所以，箱梁能在独柱支墩上建成弯斜桥；箱梁容许有最大细长度；应力值 σ_{g+p} 较低，重心轴不偏一边，同 T 形梁相比徐变变形较小。箱梁截面有单箱单室、单箱双室（或多室），早期为矩形箱，逐渐发展成斜腰板的 T 形箱。箱梁桥可以是变高度，也可以是等高度。从美观上看，有较大主孔和边孔的三跨箱梁桥用变高度箱梁是较美观的；多跨桥（三跨以上）用等高箱梁具有较好的外观效果。随着交通量的快速增长，车速提高，人们出行希望有快速和舒适的交通条件，预应力混凝土连续箱梁桥能适应这一需要。它具有桥面接缝少、梁高小、刚度大、整体性强、外形美观，便于养护等。20 世纪 70 年代我国道路上开始修建连续箱梁桥，到目前为止我国已建成了多座连续箱梁桥，比如一联长度1340 m 的钱塘江第二大桥（道路桥）和跨高集海峡、全长 2 070 m 的厦门大桥等。连续箱梁桥的施工方法多种多样，只能因时因地，根据安全经济、保证质量、降低造价、缩短工期等方面因素综合考虑选择。一般常用的方法有：立支架就地现浇、预制拼装（可以整孔、分段串联）、悬臂浇筑、顶推、用滑模逐跨现浇施工等。预应力钢束采用钢绞线，可以分段或连续配束，一般采用大吨位群锚。为了减轻箱梁自重，可以采用体外预应力钢束。由于连续箱梁在构造、施工和使用上的优点，近年来建成预应力混凝土连续箱梁桥较多。其发展趋势为：减轻结构自重，采用高标号混凝土 40 ~ 60 号；随着建筑材料和预应力技术发展，其跨径增大，葡萄牙已建成 250 m 的连续箱梁桥。超过这一跨径，也不是太经济的。大跨径连续箱梁要采用大吨位支座，例如南京二桥北汉桥 165 m 变截面连续箱梁，盆式橡胶支座吨位达 6 500kn。这种大吨位支座性能如何，将来如何更换等一系列问题有待研究。我国道路桥梁在 100 m 以上多采用预应力混凝土连续刚构桥。中等跨径的预应力连续箱梁，如跨径 40 ~ 80 m，一般用于特大型桥梁引桥、高速道路和城市道路的跨线桥以及通航净空要求不太高的跨河桥。③T 形构桥，这种结构体系有致命弱点。从 20 世纪 60 年代起到 80 年代初，我国道路桥梁修建了几座 T 形刚构桥，如著名的重庆长江大桥和泸州长江大桥，1980 年以后这种桥型基本不再修建了，这里不赘述。④连续刚构桥，连续刚构桥也是预应力混凝土连续梁桥之一，一般采用变截面箱梁。

（三）钢筋混凝立拱桥

拱桥在我国有悠久历史，属于我国传统项目，也是大跨径桥梁形式之一。我国道路上修建拱桥数量最多。石拱桥由于自重大，在料加工费时费工，大跨石拱桥修建少了：山区道路上的中、小桥涵，因地制宜，采用石拱桥主支架现浇；预制梁段缆索吊装；预制块件悬臂安装；半拱转体法；刚性或半刚性骨架法。钢筋混凝土拱桥自重较大，跨越能力比不上钢拱桥，但是，因为钢筋混凝土拱桥造价低，养护工作量小，抗风性能好等优点，仍然被广泛采用，特别是崇山峻岭的我国西南地区。钢筋混凝土拱桥形式较多，除山区外，也适合平原地区，如下承式系杆拱桥。结合环境、地形，加之拱桥的雄伟、美丽的外形，可以创造出天人合一的景观。例如，贵州省跨乌江的江界河桥，地处深山、峡谷，拱桥跨径330 m，桥面离谷底 263 m，桥面仁立，令人叹服桥梁设计者和建设者的匠心和伟大。还有刚建成的万县长江大桥，劲性骨架箱拱，跨径 420 m，居世界第一位。广西邕宁区的邕江大桥，钢管混凝土拱，跨径 312 m，都是令人称道的拱桥。我国钢筋混凝土拱桥的发展趋势：拱圈轻型化、长大化以及施工方法多样化。值得提醒和注意的是，大跨径拱桥施工阶段及使用阶段的横向稳定性，据统计国内、外拱桥垮塌事故，多发生在施工阶段。

（四）斜拉桥

斜拉桥是我国大跨径桥梁最流行的桥型之一。目前为止建成或正在施工的斜拉桥共有30 余座，仅次于德国与日本，而居世界第三位。大跨径混凝土斜拉桥的数量已居世界第一位。20 世纪 50 年代中期，瑞典建成第一座现代斜拉桥，40 多年来，斜拉桥的发展，具有强劲势头。我国 20 世纪 70 年代中期开始修建混凝土斜拉桥，改革开放后，修建斜拉桥的势头一直呈上升趋势。我国一直以发展混凝土斜拉桥为主，近几年开始修建钢与混凝土的混合式斜拉桥，如汕头石大桥，主跨 518 m；武汉长江第三大桥，主跨 618 m。钢箱斜拉桥，如南京长江第二大桥南汊桥，主跨 628 m；武汉军山长江大桥，主跨 460 m。前几年上海建成的南浦（主跨 423 m）和杨浦（主跨 602 m）大桥为钢与混凝土的结合梁斜拉桥。

我国斜拉桥的主梁形式：混凝土以箱式、板式、边箱中板式；钢梁以正交异性极钢箱为主，也有边箱中板式。现在已建成的斜拉桥有独塔、双塔和三塔式。以钢筋混凝土塔为主。塔形有 h 形、倒 y 形、a 形以及钻石形等。斜拉索仍以传统的平行镀锌钢丝、冷铸锚头为主。钢绞线斜拉索目前在汕头石大桥采用。钢绞线用于斜拉索，无疑使施工操作简单化，但外包 PE 的工艺还有待研究。斜拉桥的钢索一般采用自锚体系。近年来，开始出现自锚和部分地锚相结合的斜拉桥，比如西班牙的鲁纳（luna）桥，主桥 440 m；我国湖北郧阳区桥，主跨 414 m。地锚体系把悬索桥的地锚特点融于斜拉桥中，可以使斜拉桥的跨径布置更能结合地形条件，灵活多样，节省费用。斜拉桥的施工方法：混凝土斜拉桥主要采用悬臂浇筑和预制拼装；钢箱和混合梁斜位桥的钢箱采用正交异性板，工厂焊接成段，现场吊装架设。钢箱与钢箱的连接，一是螺栓，二是全焊，三是栓焊结合。一般来说，斜拉桥跨径 300 ~ 1 000 m 是合适的，在这一跨径范围，斜拉桥与悬索桥相比，斜拉桥有较明显的优势。德国著名桥梁专家 f.leonhardt 认为，即使跨径 1 400 m 的斜拉桥也比同等跨径悬索桥的高强钢丝节省二分之一，其造价低 30% 左右。斜拉桥发展趋势：跨径会超过 1000 m；结构类型多样化、轻型化；加强斜拉索防腐保护的研究；注意索力调整、施工观测与控制及斜拉桥动力问题的研究。

（五）悬索桥

悬索桥，又名吊桥，指的是以通过索塔悬挂并锚固于两岸（或桥两端）的缆索（或钢链）作为上部结构主要承重构件的桥梁。悬索桥是特大跨径桥梁的主要形式之一，可以说是跨千米以上桥梁的唯一桥型（从目前已建成桥梁来看是唯一桥型）。从发展趋势上看，斜拉桥具有明显优势。根据地形、地质条件，若能采用隧道式锚碇，悬索桥在千米以内，也可以同斜拉桥竞争。根据理论分析，就目前的建材水平，悬索桥的最大跨径可达到 3 500 m 左右。已经建成的日本明石海峡大桥，主跨已达 1 990 m。正在计划中的意大利墨西拿海峡大桥，设计方案之一是悬索桥，其主跨 3 500 m。当然还有规划中更大跨径的悬索桥。悬索桥跨径增大，如上所述当跨径达 3 500 m 时，动力问题将是一个突出的矛盾，因此，对特大跨桥梁，已提出用悬索桥和斜拉桥相结合的"吊拉式"桥型。在国外这种桥型目前还停留在研究之中，并未诸实施。然而，在我国贵州省乌江 1997 年年底建成了一座用预应力钢纤维混凝土薄壁箱梁作为加劲梁的吊拉组合桥，把桥梁工作者多年梦寐追求的桥型付诸实现，这是贵州桥梁工作者的大胆尝试，对推动我国乃至世界桥梁建设都有巨大作用。

乌江吊拉组合桥，经过近两年的运行和测试，结构性能良好，特别是两种桥型交接部位的处理，较为合理。

在已修建的几座悬索桥上，桥面沥青铺装相继出现了损坏现象，有的桥梁工作者反思认为，一是钢箱作为加劲梁还有一些方面值得改进，如钢箱桥面板的局部挠度以及箱体的通风，降低钢箱铺装层的温度；二是桁架梁作为加劲梁，还有不少优点，比如加劲梁刚度大，桥面温度相对低，还可解决双层交通等。用混凝土箱梁作为加劲梁的尝试，国外有先例，在我国汕头海湾桥也实现了。总结经验，也许不会再采用混凝土箱梁作为加劲梁了。塔的材料，国外以钢为主，我国以混凝土为主，近年来国外也有向混凝土发展的趋势，基础多为钻孔桩或沉井。锚碇一般以重力式和地锚为主，少数地质条件好的采用了隧道锚。深水锚碇往往采用沉井或地下连续墙。如江阴长江大桥北锚，位于冲积层上，采用 69 m × 51 m 带有 36 个隔仓的沉井，下沉深度达 58 m；日本明石海峡大桥神户侧锚碇采用环形地下连续墙基础，直径 85 m，高 73.5 m，槽宽 2.2 m。悬索桥结合地形、地质和水文可采用单跨悬吊、双跨不对称悬吊和三跨悬吊（简支和连续体系）。根据调查可知，世界上悬索桥多为单跨悬吊，其次是不对称双跨和三跨简支悬吊，三跨悬吊连续体系最少。丹麦大带桥，三跨悬吊连续，其跨径为 535 m+1624 m+535 m；中国的厦门海沧大桥，三跨悬吊连续，其跨径为 230 m+648 m+230 m，可称世界同类桥梁的第二位。主缆的施工方法为空中纺线法（as）、索股法（pws）。

随着我国经济发展，材料、机械、设备工业相应发展，这为我国提供了有力保障。再加上广大桥梁建设者的精心设计和施工，使我国建桥水平已跃身于世界先进行列。我国幅员辽阔，经济发展水平参差不齐，经济上总体水平不高，道路桥梁发展还是要着眼于量大、面广的一般大、中桥，这类桥梁仍然以预应力混凝土结构为主。首先，要着重抓多样化、标准化，编制适用经济的标准图，提高施工水平和质量，然后再抓住跨越大江（河）、海湾的特大型桥梁建设。不断总结经验，既体现公路人的建桥水平，又要保证高标准、高质量建桥。

二、明挖基坑施工技术

（一）一般规定

（1）基坑顶面应设置防止地面水流入基坑的设施，基坑顶有动荷载时，坑顶边与动荷载间应留有不小于 1 m 宽的护道，如动荷载过大宜增宽护道。如工程地质和水文地质不良，应采取加固措施。

（2）基坑坑壁坡度不易稳定并有地下水影响，或放坡开挖场地受到限制，或放坡开挖工程量大，应根据设计要求进行支护。设计无要求时，施工单位应结合实际情况选择适宜的支护方案。

（二）不支护加固基坑坑壁的施工要求

（1）坑尺寸应满足施工要求。当基坑为渗水的土质基底，坑底尺寸应根据排水要求（包括排水沟、集水井、排水管网等）和基础模板设计所需基坑大小而定。一般基底应比基础的平面尺寸增宽 0.5 ~ 1.0 m。当不设模板时，可以按基础底的尺寸开挖基坑。

（2）基坑坑壁坡度应按地质条件、基坑深度、施工方法等情况确定。当为无水基坑且土层构造均匀时，基坑坑壁坡度可按相关规范确定。

（3）如土的湿度有可能使坑壁不稳定而引起坍塌时，基坑坑壁坡度应缓于该湿度下的天然坡度。

（4）当基坑有地下水时，地下水位以上部分可以放坡开挖；地下水位以下部分，若土质易坍塌或水位在基坑底以上较深时，应该加固开挖。

（三）喷射及锚杆加固基坑坑壁的施工要求

（1）喷射或锚杆喷射加固基坑坑壁，应按设计要求，逐层开挖、逐层加固。

（2）基坑开挖深度小于 10 m 的较完整风化基岩，可直接喷射素混凝土。喷射前应定距离埋设钢筋，以此露出岩面的长度作为喷射厚度的标志。

（3）当用锚杆挂网喷射混凝土支护、开挖基坑时，各层锚杆要求进入稳定层的长度和间距、钢筋的直径或钢绞线的束数，应符合设计要求。

（4）坑壁上有明显出水点处，应设置导管排水。

（5）喷射完成后，检查混凝土的平均厚度以及强度，其值均不得小于设计要求，锚杆的平均抗拔力不小于设计值，最小拔力不小于设计值的 90%。混凝土喷射表面应平顺，钢筋和锚杆不外露。

三、各类围堰施工技术

围堰是用于水下施工的临时性挡水设施。围堰的种类有土围堰，土袋围堰，钢板桩围堰，钢筋混凝土板桩围堰，竹、铅丝笼围堰，套箱围堰，双壁钢围堰等多种。

（一）对各类围堰施工的一般规定

（1）围堰高度应高出施工期间可能出现的最高水位是（包括浪高）0.5 ~ 0.7 m。

（2）围堰外形应考虑河流断面被压缩后，流速增大引起水流对围堰、河床的集中冲刷及影响通航、导流等因素，并且应满足堰身强度和稳定的要求。

（3）堰内平面尺寸应满足基础施工的需要。

（4）围堰要求防水严密，减少渗漏。

（二）土围堰

（1）水深 1.5 m 以内、水流流速 0.5 m/s 以内，河床土质渗水较小时，可筑土围堰。

（2）堰顶宽度可为 1 ~ 2 m。当采用机械挖基时，应该视机械的种类确定，但不宜小于 3 m。

堰外边坡迎水流冲刷的一侧，边坡坡度宜为（1：2）～（1：3），背水冲刷的一侧的边坡坡度可在 1：2 之内，堰内边坡宜为（1：1）～（1：1.5），内坡脚与基坑的距离根据河床土质及基坑开挖深度而定，但不得小于 1 m。

（3）筑堰材料宜用黏性土或砂夹黏土。填出水面之后应进行夯实。填土应自上游开始至下游合龙。

（4）在筑堰之前，必须将堰底下河床底下的树根、石块及杂物清除干净。

（5）因筑堰引起流速增大使堰外坡面有受冲刷的危险时，可以在外坡面用草皮、柴排、片石、草袋或土工织物等加以防护。

（三）土袋围堰

（1）水深在 3 m 以内，流速在 1.5 m/s 以内，河床土质渗水性较小时，可筑土袋围堰。

（2）围堰中心部分可填筑黏土及黏性土芯墙。堰外边坡为（1：0.5）～（1：1），堰内边坡为（1：0.2）～（1：0.5）。坡脚与基坑顶边缘的距离和堰顶的宽度、堰底河床处理及堆码方向同土围堰的规定。

（3）堆码土袋的上下层和内外层应相互错缝，尽量堆码密实平整。

（四）钢板桩围堰

（1）钢板桩围堰适用于各类土（包括强风化岩）的深水基坑。

（2）钢板桩的力学性能和尺寸应符合规定要求。经过整修或焊接后的钢板桩，应用同类型的钢板桩进行锁口试验和检查。

（3）钢板桩堆存、搬运、起吊时，应防止因自重而引起的变形及锁口损坏。

（4）当起吊能力许可时，宜在打桩之前，将 2～3 块钢板桩拼为一组并夹牢。

（五）钢筋混凝土板桩围堰

（1）钢筋混凝土板桩适用于黏性土、砂类土及碎石土类河床。

（2）板桩断面应符合设计要求。板桩桩尖角度视土质坚硬程度而定。沉入沙砾层的板桩桩头，应增设加劲钢筋或钢板。

（3）钢筋混凝土板桩的制作，应该用刚度较大的模板，榫口接缝应顺直、密合。例如用中心射水下沉，板桩预制时，应留射水通道，其余制作要点参照有关规范进行。

（4）钢筋混凝土板桩的插打、就位、位置的控制以及拔除，可按照钢板桩围堰的有关内容执行。

（六）竹、铅丝笼围堰

（1）竹、铅丝笼围堰适用于流速较大而水深在 1.5～4 m 的情况。

（2）竹、铅丝笼围堰制作应坚固，可使用钢筋串联、螺栓连接以及铁丝捆扎等方法加固。

（3）按照水深、流速、基坑大小及防渗要求，可以用单层或双层竹、铅丝笼围堰，单层时在围堰内填土袋，在外侧堆土袋，双层时在两层之间填土，以此防止渗漏。竹、铅丝笼的宽度为水深的 1.0 ~ 1.5 倍。

（4）竹、铅丝笼可用浮运、吊装或滑移就位，就位后填石（装土）下沉，在堰底外围堆土袋，以防堰底渗漏。

（七）套箱围堰

（1）套箱围堰适用于埋置不深的水中基础。

（2）无底套箱用木板、钢板或钢丝网水泥制作，内部设木、钢料支撑。根据现场起吊和移运能力，套箱可制成整体式或装配式。制作中应采取措施，防止套箱接缝渗漏。

（3）在下沉套箱前，应按土围堰中的标准清理河床。若套箱设置于岩层上，应整平岩面。如果基岩岩面倾斜，将套箱底做成与岩面相同的倾斜度，以增加套箱的稳定性并减少渗漏。

（八）双壁钢围堰

（1）双壁钢围堰应进行专门设计，其强度、刚度及结构稳定性、锚锭系统、使用期等应满足施工要求。

（2）双壁钢围堰适用于深水基础施工，围堰的尺寸及高度应当根据基础尺寸及放样误差、墩位处河床标高、围堰下沉深度和施工期间可能出现的最高水位高程以及浪高等因素确定。

（3）双壁间距应根据下沉需克服的水的浮力、土壤摩阻力、基底抗力而定。双壁钢围堰本身应分设多个对角的横向互不通水的隔水仓，以便在下沉过程中分仓对称灌水、沙砾石或混凝土。

（4）双壁钢围堰的制作，应按设计要求在工厂施工，其分节分块的大小应按工地吊装、移运能力确定。

（5）双壁钢围堰拼焊后应进行焊接质量检验和水密试验。

（6）各节、块拼焊时，应按预先安排的顺序对称进行。

（7）围堰浮运定位应符合有关规范的规定。

（8）围堰清基应符合设计要求，清基完成后，由潜水员逐片检查，合格后，方可浇注水下混凝土封底。封底要求按相关规范的规定进行。

（9）围堰着床后的允许偏差应符合设计要求。设计无要求而又作为承台模板用时，其误差应符合模板的施工要求。

（10）围堰拆除时，应采取措施防止撞击墩身。

四、地基加固处理方法

当桥涵处于淤泥质土、湿陷性黄土、膨胀土、季节性冻土以及土洞、溶洞等不良地质土层上时，除采用桩基、沉井等深基础外，也可根据具体情况采用相应的地基加固措施，提高其承载能力，以便缩短工期、节省投资。对于一般软弱地基土层，加固处理方法有以下四种。

（1）换填土法将基础下软弱土层全部或部分挖除，换填力学物理性质较好的土。

（2）胶结土法用化学浆液灌入或粉体喷射搅拌等方法，使土壤颗粒胶结硬化，改善土的性质。

（3）挤密土法用重锤夯实或砂桩、石灰桩、砂井和塑料排水板等方法，使软弱土层挤压密实或排水固结。

（4）土工聚合物法用土工膜、土工织物、土工格栅与土工合成物等加筋土体，以限制土体的侧向变形。

五、桥梁结构不同类型支座的现场施工技术

支座是连接桥梁上部结构和下部结构的关键受力构件，将上部结构荷载平稳安全地传递给下部墩柱和索塔，使得荷载进一步传递到桥梁地基基础中。桥梁结构支座类型众多，根据其结构形式主要分为板式橡胶支座、盆式橡胶支座、球形支座等主要类型，这些支座的构造方式不同，其力学机制和连接上下部结构的主要方式也不同，所应用的桥梁跨径也有所差异，同时其施工技术方法以及要点也不同。

为了明确不同支座在建设过程中的施工建造技术，需要掌握支座类型的力学机制和构造特点，本节将系统研究板式橡胶支座、盆式橡胶支座、球形支座等主要支座类型，归纳其工作机制和施工技术要点，为这些支座的应用提供参考。

（一）桥梁支座类型及其工作机制

桥梁应用广泛的支座类型是板式橡胶支座、盆式橡胶支座和球形支座，这几种支座类型基本涵盖了所有跨径和所有桥型的应用，以下主要对这3种支座类型的构造特点以及工作机制进行分析，从而掌握这些支座在现场施工时的难点与要点。

1. 板式橡胶支座

板式橡胶支座是由数层橡胶薄片与薄层钢板进行镶嵌、黏合及压制制造而成，板式橡胶支座显然有足够的竖向刚度和承受竖向荷载的能力，将上部结构荷载可靠安全地传递给下部墩柱结构。同时，由于橡胶的存在，支座又有很好的竖向弹性变形能力，能够适应桥梁上部结构荷载作用下梁体在支座处的转角变形；分层压制的钢板与橡胶具有很好的剪切变形，以满足上部结构在水平荷载作用下的水平变形能力。

通过对板式橡胶支座的构造特点与工作机制的分析，可知该结构构造较为简单，橡胶与薄钢板之间的镶嵌、黏合与压制等工艺简单，加工制造方便，同时用钢量较少，成本较好，并且该支座结构现场的安装工艺不复杂。板式橡胶支座由于其体量和竖向承载力，主要还是适用于中、小跨径桥梁，包含道路、铁路和城市道路桥梁结构，我国道路桥梁规定在标准跨径 20 m 以内的梁桥和板桥，主要采用板式橡胶支座，因其适用的支座反力大小主要在 2 MN 以下，大于该数值采用板式橡胶支座则不经济。

板式橡胶支座的工作性能与其所采用的橡胶材料高度相关，目前板式橡胶支座所采用的橡胶材料主要有氯丁橡胶、天然橡胶和三元乙丙丁腈橡胶，其中氯丁橡胶的耐老化性能好且耐热性、耐油性相对天然橡胶均较好，因而其使用寿命比天然橡胶高，重要的桥梁结构都建议采用氯丁橡胶类型的支座。但是，氯丁橡胶的低温性能较差，一般只能应用于最低温度大于 −25℃ 的环境，而天然橡胶的低温下限是 −40℃，因此，在上述温度范围内的桥梁建设采用天然橡胶较为合适。三元乙丙丁腈橡胶则同样具有优异的耐低温和耐老化特性，但其与钢板的黏结性能相对较差，这也是限制其广泛应用的关键难题。

为了提高板式橡胶支座相应的变形能力，很多新型板式橡胶支座子类开始研发应用，其中聚四氟乙烯板式橡胶支座可以极大地改善板式橡胶支座在平面内的移动性能，圆形板式橡胶支座则可以改善其转动性能并方便维修，球形板式橡胶支座则改善支座受力不均匀及偏压受力问题，这些新开发的支座类型都是在原有的板式橡胶支座基础上进行某一方面的改良与完善，适用具体情况下的桥梁支座受力与变形性能。

2. 盆式橡胶支座

盆式橡胶支座由上下支座板及支座锚栓、中间衬板及不锈钢板、聚四氟乙烯板、橡胶板和橡胶密封圈等构造形成，其中上下支座板提供盆式橡胶支座的平面接触受力，例如梁体底板为斜面和曲面时，可以通过支座板调整为平面；橡胶密封圈等为橡胶板提供密封功能，防止水汽倾入影响橡胶的工作性能；聚四氟乙烯板提供橡胶与支座之间的释放变形，由于聚四氟乙烯板良好的滑动性能，当要释放某一方向的约束时，采用聚四氟乙烯板可以很好地达到上述效果。橡胶板是支座中承载与变形受力的主体，通过橡胶板的变形，使得梁段转动释放。

盆式橡胶支座构造简单，采用聚四氟乙烯板后支座的滑动摩擦系数小、转动灵活。相对于一般的铸钢支座具有重量轻、建筑高度低以及加工制作方便等优势；相对于板式橡胶支座，其具有承载能力更大，允许支座的变形更大等优势，所以其能够用于大跨径桥梁中。一般而言，盆式橡胶支座能够适应 1 MN 以上的大跨径桥梁，并可以制作成单向、多向和固定的支座类型。

3. 球形支座

球形支座是在盆式支座上发展而来的新型支座类型，主要是面向更大转角要求的支座类型，也是目前板式和盆式橡胶支座的补充和完善。球形支座一般设计能够达到 0.01 ~ 0.02 rad 的转角，甚至可以达到 0.05 rad，并且其设计支座反力也可达 1 ~ 30 MN，应用非常广泛。球形支座良好的变形能力特别适用于弯桥和宽桥的设计与施工中。

球形支座由下支座凹形钢板、密封板、球面板、聚四氟乙烯板和上支座钢板组成，其中上下支座钢板与盆式橡胶支座的上下层钢板功能相同，都是提供支座的平面受力承载基础；密封板则是保护球面连接体，防止水汽和油渗入影响支座的工作性能；聚四氟乙烯板则是提供变形性能的基础，因为其摩擦系数很小，变位容易；球面板提供了支座的各向转动性能，因此其转角范围显著高于普通的板式和盆式橡胶支座。通过对球形支座的构造约束，可以将其制造形成单向、多向和固定活动支座类型。

球形支座通过球面进行传力，因此上部结构荷载作用到球面支撑混凝土上的反力分布较为均匀，不会出现作用集中问题；球形支座的转动力矩很小，特别适用于大转角要求的桥梁结构，而且球面的各向转动性能一致，适用于曲线桥和宽幅桥梁，并且可以通过约束某一方向的转动性能，实现该方向变位的约束效应。球形支座内部不采用橡胶，因此不存在橡胶老化和变硬等问题，可以适用于低温和高温环境等。球形支座在我国的应用主要在上述提及的曲线桥梁、连续弯板结构和大跨径斜拉桥等结构形式。

（二）桥梁支座的施工技术与要点分析

桥梁支座都需要进行现场安装，安装完整后的支座提供了支座的承载和变形受力性能。根据上述 3 种主要支座类型，其施工技术与要点的分析详述如下。

1. 板式橡胶支座的施工

板式橡胶支座的安装包含安装准备工作、支座安装两个重要环节。

（1）安装准备工作

支座安装前需要对支座产品的性能进行检查，确保达到支座出厂的质量检查标准，因此需要掌握支座的出厂指标和检查标准，对不符合质量要求的产品不能安装采用。

支座安装前需要对支撑垫石施工完毕，垫石性能直接影响支座的工作性能，支撑垫石的混凝土强度应该满足设计的要求，特别是支撑垫石的顶面标高和平整度等都要严格要求，一般要求误差不超过 3 mm，避免安装支座发生倾斜、不均匀受力和脱空等问题。

支座安装前需要对桥墩、支座垫石和梁底面进行清理，并且采用水泥砂浆进行抹平，以此确保支座的平整性。涂抹用的水泥砂浆水灰比小于 1 ：2，且水泥和砂的比例要求为 1 ：3，抹浆后顶面标高符合设计要求。

（2）支座安装

根据设计给定的支座中心位置，在支撑垫石上安装支座各个部件，板式橡胶支座的准确安装需要确保支座中心线与支撑垫石的中心线重合在一起。考虑到橡胶受到温度影响的收缩变形问题，支座的安装应该尽可能在年平均气温的季节里，且在一天中温度变化不敏感的时间点，降低因为温度变化引起的橡胶变形以及支座的剪切变形问题。支座安装过程中如果发现墩台两侧的标高不相同，或者顺桥向与横桥向有明显纵坡时，应该按照设计规范进行处理，使得支座的受力和变形在平面内。一般要求支座的间隙偏差在 0.3 mm 以内，支座的轴线偏差在 2 mm 以内。

支座安装完成以后需要对支座内部预设的间隙进行灌浆处理，固定支座的位置，使得后期的运营使用过程中支座性能良好，不出现位置偏差引起受力集中以及橡胶破坏等一系列问题。

2. 盆式橡胶支座的施工

盆式橡胶支座的施工大部分情况下与板式橡胶支座的施工内容相同，在此基础上，还需要对以下几个关键点进行质量把控，保证盆式橡胶支座的安装质量。

首先，墩台上设置的支座支撑垫石，其标高需要考虑预埋的支座下钢板的厚度，或者在支撑垫石上预留一定的厚度安装下支撑板，并且将支撑下钢板采用环氧砂浆黏结于支撑垫石内。

其次，支座下钢板与球面板、聚四氟乙烯板等都应该与中心线重合放置，为了防止施工中心线的偏移，需要设置临时固定措施，确保施工建设的质量。

再次，梁底预埋的支座上钢板应该与聚四氟乙烯板连接紧密，特别是在安装过程中需要确保表面清洁，同时需要在聚四氟乙烯板表面上涂抹硅脂油。注意应该将不锈钢板嵌入梁底的上钢板内部，或者采用不锈钢螺钉直接固定在上钢板上。

最后，在梁体预应力施工完成，二期铺装之前，拆除支座的临时固定装置，并安装支座的防尘防污染装置。

3. 球形支座的施工

球形支座相对于前述的板式和盆式橡胶支座，在其施工中需要注意以下关键要点：

（1）支座出厂前需要提出球形支座的预设转角和位移，为方便厂家的施工制造，并预先调配好。

（2）球形支座所涉及的螺栓连接较多，在支座安装前应该确保不能任意转动相关螺栓连接及拆卸支座部件。

（3）如果支座安装采用螺栓连接，应该在下支座底板采用钢楔块调整水平，使得支座底面高出桥墩顶面 2 ~ 5 cm；如果采用焊接连接，应该将支座对准定位后采用对接间断焊接，焊接中应防止烧伤支座和混凝土。

球形支座的安装应该确保水平和平整，一般要求支撑面的 4 个角高差不大于 2 mm。为了使得预应力施加效果，应该在张拉预应力前将球形支座的上下连接钢板拆除，以防其约束梁段转动；在拆除连接钢板后及时安装防尘等装置。

桥梁支座类型众多，不同支座的工作原理、应用范围和施工技术都存在差异。本文主要探讨了板式橡胶支座、盆式橡胶支座和球形支座的工作特点与机制，并对其施工技术和注意事项进行了详细探讨分析，为这些支座类型的正确应用以及安全使用提供参考。

六、桥梁的组成及分类

桥梁是技术比较复杂和施工难度比较大的土木工程建筑，在道路建设中通常称为构造物，设计和施工都有其特殊的规定和要求，为适应各方面管理的需要，下面对桥梁的组成及分类进行简要的介绍。

（一）桥梁主要组成

（1）上部构造包括承重结构、桥面铺装和人行道三大部分，由于桥梁有梁式、拱式等不同的基本结构体系，所以其承重结构的组成各不相同。承重结构主要指梁和拱圈及其组合体系部分，它是在路线中断时跨越障碍的承载结构。桥面铺装包括混凝土三角垫层、防水混凝土或沥青混凝土面层、泄水管和伸缩缝等。当拱桥且拱上又有土石填料时，还应包括与路线同样的路面结构的垫层和基层。人行道包括人行道板和缘石或安全带，以及栏杆扶手等。高等级道路上的桥梁，假如设有防撞护栏者，也属于上部构造范围。

（2）桥梁的下部工程包括桥台和桥墩或索塔，它是支撑桥跨结构并将恒载和车辆等活载传至基础的建筑物。

（3）基础是将桥梁墩、台所承受的各种荷载传递到地基上的结构物，是确保桥梁安全使用的关键部位。有扩大基础、桩基础和沉井基础等不同的结构形式。随着桥梁技术的不断发展，一些新的基础形式也逐渐在桥梁工程中得到应用。

（4）调治构造物是指为引导和改变水流方向，使得水流平顺通过桥孔并减缓水流对桥位附近河床、河岸的冲刷而修建的水工构造物。如桥台的锥形护坡、台前护坡、导流堤、护岸墙、丁坝以及顺坝等，对保证河道流水顺畅和防止破坏生态环境有着极其重要的作用。

（二）桥梁分类

1. 按建设规模大小分类

主要是以桥的长度和跨径的大小作为划分依据，分为特大桥、大桥、中桥、小桥。

2. 按桥梁结构类型分类

桥梁上部构造形式，虽多种多样，但按其受力构件，总离不开弯、压和拉三种基本受力方式。由基本构件所组成的各种结构物，在力学上可归纳为梁式、拱式、悬吊式三种基本体系以及它们之间的各种组合。

（1）梁式桥是一种在竖向荷载作用下无水平反力的结构，其主要承重构件是梁，由于外力的作用方向与梁的轴线趋近于垂直，因此外力对主梁的弯折破坏作用特别大，故属于受弯构件。它与同样跨径的其他结构体系相比，梁内产生的弯矩最大，所以，需要用抗弯能力较强的钢筋混凝土或预应力混凝土等材料来修建。梁式桥按其受力特点，可分为简支梁、连续梁和悬臂梁。若就其构造形式而言，则有矩形板、空心板、T形梁、工形梁、箱形梁和桁架梁等不同构造形成。其中，T形梁和工形梁又称为肋形梁。目前，在工程建设中应用较广的是钢筋混凝土和预应力混凝土简支梁和连续梁。

（2）拱式桥的主要承重结构是拱圈或拱肋，在竖向荷载作用下，拱的支承处会产生水平推力。由于水平推力的作用，从而使荷载在拱圈或拱肋内所产生的弯矩比同跨径的梁要小得多，而拱圈或拱肋主要是承受轴向压力，因此属于受压构件。因此，通常利用抗压性能较好的圬工和钢筋混凝土等建筑材料来修建。同时应当注意，为了确保拱桥能安全使用，下部结构和地基必须能经受住很大水平推力的作用。

（3）刚架桥的主要承重结构是梁或板和立柱或竖墙整体在一起的钢架结构，梁和柱的连接处具有很大的刚性。在竖向荷载作用下，梁部主要受弯，而在柱脚处也具有水平反力，其受力状态介于桥梁和拱桥之间。所以，对于同样路径且在相同荷载作用下，刚架桥的跨中正弯矩要比一般梁桥小，相应地，其跨中的建筑高度就可以做得较矮。刚架桥的缺点是施工比较困难且梁柱刚结处容易开裂。目前，在道路桥梁中属于刚架结构体系采用较多的桥型有 T 形刚构桥、连续刚构桥以及刚构—连续组合梁桥等。

（4）悬索桥又称为吊桥，桥梁的主要承重结构由桥塔和悬挂在塔上的缆索及吊索、加劲梁和锚碇结构组成。荷载由加劲梁承受，并且通过吊索将其传至主缆。主缆是主要承重结构，但其仅承受拉力。这种桥型充分发挥了高强钢缆的抗拉性能，使其结构自重较轻，能以较小的建筑高度跨越其他任何桥型无法比拟的特大跨度，是目前单跨超过千米的唯一桥型。

（5）组合体系桥根据结构受力特点，由几个不同体系的结构组合而成的桥梁称为组合体系桥。其实质不外乎利用梁、拱、吊三者的不同组合，上吊下撑以形成新的结构。组合体系桥一般均可采用钢筋混凝土来建造。对于大跨径桥梁以采用预应力混凝土或钢结构修建为宜。一般来讲，这种桥梁的施工工艺比较复杂，斜拉桥就是一种有代表性而又广泛应用的组合体系桥。

（三）按用途分类

按用途分类有道路桥、铁路桥、道路铁路两用桥、城市桥、渡水桥、人行天桥和马桥，以及其他专用桥梁等。

（四）按承重结构所用建筑材料分类

按承重结构所用建筑材料分类有圬工桥、钢筋混凝土桥、预应力混凝土桥、钢桥和木桥等。

（五）按跨越障碍物的性质分类

按跨越障碍物的性质分类有跨河桥、跨线桥和高架桥等。高架桥一般是指跨越深沟峡谷以代替高填路堤的桥梁或在大城市中的原有道路之上另行修建快速车行道的桥梁，以此解决交通拥挤的矛盾。

（六）按上部结构行车道的位置分类

按上部结构行车道的位置分类有上承式、下承式和中承式三种。桥面布置在主要承重结构之上者，称为上承式桥；桥面布置在承重结构之下的为下承式桥；桥面布置在桥跨结构高度中间的称为中承式桥。除以上固定式桥梁外，有时根据建设环境和使用要求，还有开合桥、浮桥和漫水桥等形式的桥梁。

第二节　桥梁施工组织设计

随着我国现代化经济建设进程的不断加快，社会各个领域的发展都得到了显著的提升。道路桥梁施工的建设质量的好坏会直接关系到人们的安全，因此国家对于道路桥梁的施工组织设计以及施工管控的质量要求也越来越严格，在很大程度上可以有效地提高道路桥梁的施工质量。

一、道路桥梁施工组织设计与施工管控存在的现状问题

（一）缺乏明确的施工组织设计环节规定

道路桥梁施工的组织设计工作是道路桥梁施工中最重要的一项环节，也是设计要求最多的一项环节，相关部门严格要求施工人员在进行道路桥梁组织设计工作时，严格遵循道路桥梁组织设计的标准要求，要结合实际的施工情况对其进行相应的设计。

然而，从我国目前实际的施工组织设计工作中来看，相关的施工人员只是对施工组织设计进行较为简单的工作规划，并没有体现设计的具体过程。从很大程度上来说，这种情况会直接导致在实际开展道路桥梁的建设过程中容易出现施工组织纪律不明、缺乏组织性等现象，进而会影响整体的建设质量。

（二）缺乏对施工管控问题的重视度

我国的道路桥梁在实际施工过程中，会存在着一定的施工风险，因此在开展相应施工工作时，工作人员应该提前对可能出现的施工风险进行及时的排查工作，一旦发现相应的风险，施工人员应该予以及时的解决，从而确保施工过程中的安全性。

然而，在实际的施工管控的过程中，工作人员对于安全风险的重视程度并不是很高，并且对可能出现的风险并没有采取相应的解决措施，比较容易发生安全事故，进而威胁工作人员的生命安全。除此之外，由于工作人员缺乏对施工管控问题的重视度，一旦出现相应的风险问题，也会给建设公司带来巨大的经济损失。

（三）缺乏施工组织设计的技术支撑

道路桥梁施工进程的快慢直接取决于施工人员的专业施工技术的水平，并且想要做好道路桥梁的施工组织设计工作也是需要施工人员的专业施工技术水平作为其开展的支撑条件。通过施工人员强有力的技术支撑，可以进一步保证施工人员的施工安全以及保证道路桥梁的建设质量。但是，在实际施工组织设计的工作中，施工人员的专业水平存在参差不齐的差异，在一定程度上会影响道路桥梁的建设水平。

在我国经济腾飞的大背景下，我国境内的道路网工程也在持续地扩大和推进，而充当

交通网络设施家族中一个关键角色的路桥工程，在当今必然会受到整个社会的广泛重视。物流业务的迅猛增大给交通运输业带来了巨大的压力，实现高效率的交通系统运作必然需要优质的道路工程设施作为基础和保障，由此决定了路桥工程在交通系统功能发挥过程中效用也在越发凸显。在此情况下社会对路桥项目建设质量的控制标准也越来越严格化。因为它是关系到每个社会成员生命安危的大事情，所以，路桥工程优异品质的圆满实现需要施工队伍出色地实施好各个施工环节的程序安排，搞好施工过程质量控制，不可为了追求中标而承诺实现不了的标准，并且仅在搞好科学的施工程序安排的条件下方可实现优质的工程成本概算，恰当地发挥出工程建设中所有要素的功能，挖掘资源利用潜力，实现工程建设的经济性和高效性。

当前社会的发展主要依赖于经济以及交通，在经济飞速发展的今天，我国的道路建设也在积极开展中，而作为道路的组成部分，道路桥梁也就成为重要的施工环节。随着近几年我国运输压力和交通压力的不断增大，道路桥梁在交通运输中的作用也愈加明显，这也就给我国的道路桥梁质量提出了更高的要求。也就是说，只有对道路桥梁施工进行细致的组织设计，才能够利用好人力、物力，从而获得最大的社会效益和经济效益。

二、道路桥梁施工组织设计对整个工程成本的影响

对于道路桥梁施工来说，其施工组织设计的落实需要考虑多方面的因素，如技术手段、经验、与施工相关的法律法规等，这其中如果某一个问题没有得到有效解决，那么对整个施工的成本就会有影响。除当前我国政策明文规定的影响因素外，道路桥梁施工组织设计中影响成本的因素还包括以下几点：①施工方法。这一点主要说的是对施工方法的选择，施工方案一般都是通过综合分析施工区域的特征、气候、技术手段和经济情况等多方面因素，从这些因素中找出一个既合理成本又低的施工方案。在这一过程中就需要根据自身施工的实际情况来对施工方案进行选择，进而有效地控制施工的成本，这也是目前控制道路桥梁工程施工成本的有效手段。②施工工期。施工方案确定下来之后，就要制定这一施工过程的工期时间了，由于道路桥梁施工的工期会直接决定整个施工工程的成本，而且对后续的道路桥梁经济效益影响也是非常大的。因此，在施工组织设计的过程中，设计人员一定要做好各方面的协调工作，按照施工组织设计的要求来运行工作，这样就可以避免因追求工期而造成工程质量出现问题。③工程运输组织计划。道路桥梁运输组织计划是当前施工组织形式中非常重要的项目之一，它会在一定程度上对整个工程的造价产生影响。如果想要确保施工计划有序进行，降低施工成本，就一定要有合理的运输组织计划。在运输组织计划的过程中一定要做到运输量小、距离短、装卸速度快，利用一切可以利用的条件来减低因为临时运输而产生的费用。④道路桥梁施工组织平面布置。施工单位要根据道路桥梁施工的实际情况来对施工组织平面进行合理布置，重点研究解决施工场地上所有设施在平面位置上的布置问题。这一问题的研究对预算中的直接费用影响也是非常深远的。这一

研究不仅可以降低运输过程中产生的费用，而且能够减少临时建筑物产生的费用，从而达到降低工程成本的目的。⑤施工材料价格。施工材料在所有工程项目中所占的比例都是最大的，而在道路桥梁施工中所占比重基本上达到了60%，这也就是说道路桥梁施工材料的价格对整个工程的成本影响是决定性的，因为施工材料的价格受材料产地、运输距离以及运输费用等多方面条件的影响，所以施工单位在对施工材料进行选择时也要综合考虑上述内容。做好施工材料的调研工作，并且按照不同区域的价格和品质来找寻出最佳的方式，除此之外，设计人员还要考虑施工运输方式以及所运输材料价格对整个施工工程的影响，根据运输的实际情况做好各项方案的对比，从而找到最优的成本选材方案。这样不仅可以有效减低建设成本，而且还能够保证施工的质量。

三、路桥工程施工组织设计分析

施工程序安排的落实执行应当统筹兼顾、分层次推进。其中，涵盖施工技术、工程业务经验及相关的行业政策、法律章程、财务规划等诸多内容的平衡协调过程，任何一项内容出现了差错或是未能得到很好的处置均可给总体工程的建设投资造成负面影响。除在国家所制定的相关行业政策中存在相应的具备关联作用的因素外，施工程序安排中关联着路桥项目建设费用的重点事项包括以下五个方面的内容。

（一）施工模式及操作手段的确定

在具体实施的路桥项目建造环节中，项目施工的程序安排是依托同时对多项内容的周密考量之后才最终定型的。其中，需要关注施工条件、建造技术及经济负担等多方面的因素。确定投资费用小而且又充分具备科学性的施工作业计划，并且工程施工部门还要完整拟定好施工程序及作业步骤。在此具体操作环节中应依照本单位的具体施工条件及相关的工程讯息来敲定施工作业技术方案，进而圆满地把握好工程建设的费用，控制好工程建设成本。

（二）工程建设期限

确定了施工方法，那么，依照恰当的作业方案核算出的总体工程的建设周期及各项施工作业所需的期限即为总体项目建设的有效工期了。建设工期的长短不仅对于总体项目的建设投资有很强的决定性作用，也在很大程度上提升工程建设的经营收益，工程恰当的建设工期能够减小工程建设时期所承担的贷款成本。

在此并非过分强调追逐路桥项目建设的速度而忽视了对工程建设质量的管理和把握，否则将产生适得其反的工程效果。所以，在编制施工程序安排时即应实施好各类项目的协作与配合，施工工期、工程材料、施工装备等要素的恰当安排是进行科学管理的主要内容。依照施工程序编制的总体规则开展工作，避免由于片面压缩工程建设期限而引发出不应有的质量缺陷。

（三）施工过程的平面设置安排

施工过程的平面设置安排是工程设计部门依照工程的特异属性及施工状况，来平衡协调作业工地上全部设施在水平方向上的科学布局问题。其对于工程概算中现场的管理费用可发挥出关键性的功能，而对其实施合理的有效排布能够消除各类工序中多次重复性的工作环节，降低额外的不必要费用开支。这样不仅能够减小货物运送的成本，真正实现货物转运过程中的安全效果，其主要是能够减低构建临时房屋的费用支出，从而达到减小工程成本的目的。

在路桥项目建设的具体施工环节中，桥体、涵孔均设置在道路沿线，由此不可能实现在每一座桥或涵洞区域均设置一座水泥搅拌站。所以，水泥搅拌站位置的确定即应当是科学恰当的且周密性的考虑，其不仅需要靠近道路运输线，尚应设置在需要大批量的工程构件的建设项目附近，例如此方可实现有利于各类工程物料的运入，并且可减低预制工程构件的转运费用，进而使项目建设的投资缩小。

（四）运输工作程序安排

运输工作程序安排是施工运作流程中一个关键内容，在很大程度上关联总体项目的建设速度，同时在相当的程度上对整体工程建设成本产生重要影响，并且在建造作业的具体环节中占据着较大的工作量比重。那么为实现工程建设的圆满实施，最大限度地压低工程建设的投资，那就必须提前编制好完整有效的货物运输工作安排。运输工作安排的拟定一定要满足：首先转运的路程最近、货物运输量最少，其次是货物倒运的次数少，尽量不要再进行中间转手；装卸快捷且运转灵活；尽量利用现有的交通设施，从而减少短期运输增加成本支出；最大限度地发挥运输设备的现有功能。

（五）工程材料采购价格控制

工程物资在每一个工程项目中均占据着主要的消耗成本，道路项目建设也囊括其中，其基本占据着总体工程费用的近一半以上，甚至有的占据超过七成的比例，因此工程物料的采购价位对于总体项目建设投资的决定性作用即不言而喻了。市场上供应材料的售价是由物料的制作地域、运送距离、运送方式和包装成本等多项因素来决定的。当进行工程物料品类选择及市场采购的环节时，应充分关注此方面的内容，做好周密的市场考察，制定不但满足工程需求，还能够将各项操作费用减至最小的科学的物料采购机制。需参照相异地区的物料供应价位及品质，落实到最节约、最具实效、最恰当的采购模式。另外，要充分地认识到并不是远程的货物转运过程即一定会提高采购成本，需关注到运输模式及物料的相异价位对成本控制的关键性作用，某些情况下或许是选取远程的铁路型货物运输模式，加之低价位的物料采买价格较近处的昂贵的材料采购形式更加的合算。因此，货物运输安排必须要参照具体的市场物料供应状况，做好各类采购方案之间的对照研究，运用最恰当、最易减低工程费用的物资采购计划。

四、路桥工程施工管理策略分析

伴着交通产业的进步需求，大批纵横交错的道路项目等待着施工建造，路桥工程作为交通系统的重要设施，当今对于路桥工程施工作业管控风险的探讨应从多个方面着手：

第一，首先构建出完整、高效的路桥工程建造作业风险管控讯息体系，强化对重要工程数据的采集，对于路桥项目施工作业环节中出现的异常情况给出科学的判断，一旦当工程风险来临之时可迅速实施恰当的反应。构建和改进路桥项目施工作业风险管控流程及运作体系，对路桥工程建造过程中的施工作业风险管控给出明确的内容界定，在功能配置上充分顾及工程意外运作风险管控的机构及其职能发挥，构建出完善的工程施工作业风险管控体系，提高路桥工程施工作业风险管控观念，并且将项目建设的施工风险管控作为路桥项目管理的关键组分。

第二，强化路桥工程施工作业中的风险品类判定过程。为了客观地展示风险的存在，依照路桥工程施工任务的达成水平，应当把路桥工程施工作业风险状态划分成工程进度型风险、工程质量型风险及工程费用型风险三大类型，依照此三项内容对工程风险展开判定过程，关联着路桥工程建设进度的项目有很多，涵盖路桥工程施工条件、工程设计、现场施工等多项内容，必须从大量的关联要素中查询路桥工程建设过程中施工作业的风险性因素存在，对于有可能转变为工程建造期限风险的相关因素须进行极为周密的判定过程。

第三，需关注对于路桥工程施工作业环节中的风险性评估。路桥工程施工作业环节中的风险性评估是对路桥工程施工作业环节中的意外事件出现的概率大小、产生时限等开展评估，实施风险性评估的目标是指路桥项目施工作业环节中的单项风险因素，其可被划分成采集参数、构建模型、路桥项目建设施工作业风险出现的概率推断。

第四，注意建立道路桥梁施工风险预警机制，以便更有力地监控风险，减少风险带来的损失，应当树立风险回避意识，重视风险，增强道路桥梁施工职工的凝聚力，使管理人员懂得道路桥梁施工风险管理的新方法，遵守道路桥梁施工的法律法规。

（一）安全管理

在任何建筑工程中安全问题一直都是首要考虑的问题，在道路桥梁项目施工过程中同样也要作为首要考虑的问题，在建设施工中必须加强安全问题的管理。要加强对相关建设管理人员和施工人员的安全教育以及安全培训工作，提升管理人员和施工人员的安全意识，加强安全防范观念。采用具有针对性的强化教育以及定期教育的模式，确保施工每一个环节安全管理工作的落实。此外，施工单位和建筑项目监管部门也要加强对安全管理工作的重视，将安全施工的培训工作和教育列入项目管理规划中，并制定科学有效的防范措施，使其能够达到安全培训的目的和标准要求。

（二）成本管理

成本管理的目标就是在制定行之有效的治理措施后，通过对项目进度和质量的管理达到工程成本降低和效益提高的目的，成本管理是整个项目建设的核心部分。为了达到费省效宏的目的，通常采用的措施主要有：首先，创建和完善具有严密性的成本控制责任体制，对相关工作人员的工作行为进行约束和规范，从而为实现工程的预期经济目标提供有力保障；其次，在进行预算编制前，要做好工程相关资料的收集工作，做好施工现场的调查，准确掌握施工材料的价格，确保施工方案更加的合理化和标准化，提高对施工设计变更工作的管理，制定现场设计变更鉴证管理体制，严格结算程序；再次，加强施工材料费用的管理工作，使相关信息具备公开性，能够让员工对施工材料进行监督；最后，通过新工艺、新技术和新材料，使人工、机械等费用得到有效降低和控制，加强对现场材料的管理力度，科学合理地控制库存，最大限度地降低材料储存费用。

（三）进度管理

首先，在项目开工前，做好工程需求的预测工作，其中主要包括工程施工中的各个生产要素，比如产量、时间和结构等要求，在管理和财务工作中采取不同的措施，使整体保持平衡，同时又使各个项目之间保持紧密的联系。其次，科学合理地分解施工进度，可以将其划分为月、季和年三个时间段，随后通过实物工程量的方式进行表达，如此这样，建筑项目的管理人员对工程进度有一个明确的了解做好相应的工作要求，便于对施工单位工程进度的监督和管理。最后，依照工期和资源的实际供给情况，对施工时间、计划和衔接制定科学合理的安排，严格按照施工计划进行工程的建设，最终确保工程的进度达到预期制定的目标

（四）工艺管理

首先，增强混凝土模板强度，确保其质量达到使用要求，并且达到质量检测和易用性额要求，确保水与水泥的比例，避免裂缝的出现，提高混凝土抗裂强度。其次，在选择混凝土修补材料时尽量选择质优价廉的种类，有效地对混凝土面板进行修补

（五）监督管理

以监理总工程师为主，现场监理和控制工程师进行监管工作的开展。加强对施工现场的审查工作，确保施工单位落实质量监管体制依照建设工程的特点、质量要求、建设要求等情况，制定科学合理的监控目标和标准，为开展监管工作提供制度保证，使监管工作向着规范化和标准化的方向发展。加强对施工组织设计和方案的审查工作，提高设施和材料的质量要求，根绝质量安全隐患。

综上所述，道路桥梁施工作为道路建设中的重要工程项目，施工人员还要确保施工组织设计和施工管理工作的有效开展，从而便于施工人员对施工项目进行控制和管理。另外，针对道路桥梁施工组织设计和管控中存在的问题，还要采取科学有效的应对措施，改善道路桥梁施工组织设计和施工管控现状，保证施工项目的顺利进行，进一步提升道路桥梁施工的质量。

提高合同管理质量是符合我国国情的道路桥梁施工风险预防机制中的一个重要内容。

加强施工合同管理包括合同签订管理、合同履行管理以及书面资料管理等措施。加强工程环境风险的研究，对现场加强管理，规范操作，要制定科学合理的道路桥梁施工方案和施工组织设计。

在道路桥梁施工工程实施过程中，要对各项风险对策的执行进行检查，检查道路桥梁施工管理风险对策的执行效果。除此之外，还需要检查是否有被遗漏的道路桥梁施工工程风险，开始新一轮的道路桥梁施工风险管理过程。道路桥梁施工风险管理是一个连续的过程，必须扎实做好各个环节的管理工作。

总而言之，在道路桥梁工程建设中，施工组织设计和施工管理是提高项目效益的重要手段，今后在实际工作中必须高度重视，采取相应的策略，做好这两方面的工作，以进一步提供组织设计水平和管理水平，提高整个道路桥梁工程建设的综合效益。

第三节 桥梁施工方法及其选择

桥梁的建设一般要经过规划、工程可行性研究、勘察设计和施工等几个阶段。施工是具体实现桥梁设计思想和设计意图的过程，高水平的桥梁设计需要更高水平的施工技术去实现。同时桥梁施工技术的发展，为实现桥梁设计意图提供了灵活多样的手段，为增大桥梁跨度、改善结构性能和线形以及应用新材料提供了充分的条件。

桥梁施工的技术水平是与同时代的生产力发展水平密不可分的。其中，典型的桥梁有泉州洛阳桥和漳州虎渡桥等。漳州虎渡桥总长约 335 m，某些石梁长达 23.7 m，沿宽度用三根石梁组成，每根宽 1.7 m，高 1.9 m，重达 200 t，如此巨大的石梁在当时是采用何种方法架设安装就位的，至今仍无从考证，足见我国古代桥梁建造技术的高超。

19 世纪中期，钢材的出现使钢结构桥梁得到蓬勃发展。英圈在 19 世纪 50 年代从法国引进近代悬索桥技术后，于 19 世纪 70 年代发明了"空中纺线法（AS 法）"编纺悬索桥主缆。在现代的悬索桥建造中，则多采用工厂预制的平行钢丝束作为主缆，其架设方法（PWS 法）也更简洁、快速。

20 世纪前后，钢筋混凝土得到广泛应用，其中钢筋混凝土拱桥无论在跨越能力、结构体系还是主拱圈的截面形式均有很大的发展。随后在 1929 年法国著名工程师弗莱西奈经过 20 年的研究使预应力混凝土技术应用于桥梁建设后，各种新颖的桥梁结构不断涌现，相应的施工方法也应运而生。悬臂施工技术最早是在前联邦德国采用，特别是在 1952 年采用这种方法成功地建成了莱茵河上的沃伦姆斯 T 形刚构桥后，这种方法便传播至全世界。悬臂施工方法的出现使大跨度预应力混凝土桥梁得到了迅猛发展。同时，在拱桥施工中引入悬臂施工法，打破了以往由于施工因素而使拱桥发展迟迟不前的状况，为钢筋混凝土拱桥的发展开辟了广阔的前景，并且大大地提高了拱桥的跨越能力。

20 世纪 50 年代末，预应力混凝土梁桥的顶推施工法问世，并于 1959 年首次在奥地利的阿格尔桥上成功采用。近20年来，顶推施工法由于施工安全、设备简单等优点，在世界上发展较快，从而又促使连续梁桥得到了推广。目前连续梁桥的连续长度已超过千米。

20世纪50年代，世界上出现了第一座现代钢斜拉桥，直到20世纪60年代，预应力混凝土斜拉桥已开始大量修建。20世纪60年代后，又创造了逐孔施工法与转体施工法等施工技术。

20世纪80—90年代，世界各国的桥梁建设事业方兴未艾，特别是大跨深水桥梁日益增多。直到20世纪末，在世界各国已建成的桥梁中，悬索桥的最大跨径已达1 991 m（日本明石海峡大桥），斜拉桥已达890 m（日本多多罗桥），混凝土拱桥已达420 m（中国万县长江大桥），预应力混凝土梁桥已达301 m（挪威Stolmasundet桥）。预应力混凝土和钢混合梁桥已达到330 m（中国重庆石板坡长江大桥复线桥），通过这些大型桥梁的建造，极大地提高了当今桥梁施工的技术水平。

伴随着跨海工程的建设，以及桥梁施工机具设备向着大功能、高效率和自动控制的方向发展，预制安装施工方法又焕发了活力，沙特阿拉伯—巴林道堤工程，采用14 000 t的浮吊架设60 m长的大型预制构件。加拿大联邦大桥（Confederation bridge）则是将8 700 t的浮吊运用到基础、桥墩和上部结构的构件运输安装施工中。未来的桥梁建设将更注重新技术、新工艺、新材料以及新设备的广泛应用与相关的桥梁施工技术的发展，将在各种施工方法和施工工艺上不断创新，以适应桥梁结构在体系、跨径、材料和结构性能等方面的发展要求。

桥梁基础作为桥梁整体结构的组成部分，其结构的可靠性影响着整体结构的力学性能。基础形式和施工方法的选用要针对桥跨结构的特点和要求，并结合现场地形、地质条件、施工条件、技术设备、工期、季节、水力水文等因素统筹考虑。

桥梁基础工程的形式大致可以归纳为扩大基础、桩和管柱基础、沉井基础、组合基础和地下连续墙基础几大类。桥梁基础工程由于在地面以下或在水中，涉及水和岩土的问题，从而增加了它的复杂程度，而对基础的施工方法而言，则都是针对具体的结构形式，没有统一的模式。桥梁墩台按建筑材料可分为圬工、钢筋混凝土、预应力混凝土和钢等多种形式，按施工方法可分为石砌墩台、就地浇筑式墩台和预制装配式墩台。

随着预应力混凝土的应用、桥梁类型与跨径幅度增加、构件生产的预制化、结构设计方法的进步、机械设备的发展等，从多方面促进了桥梁上部结构施工方法的进步和发展，形成了多种多样的施工方法。

桥梁施工方法总体上可分为就地浇筑法和预制安装法。具体按照桥梁结构的形成方式可将施工方法划分为以整个桥位为基准的固定支架整体现浇施工法、预制安装法和提升施工法；以桥墩为基准的悬臂施工法和转体施工法；以桥轴端点为基准的逐孔施工法和顶推施工法；以桥横向为基准的横移施工法。针对某一桥梁结构，并不是一定严格地按照某一工法和结构形成顺序进行，或许将是多种施工方法的组合。

一、整体就地现浇施工法

固定支架整体就地现浇施工法是在桥位处搭设支架，在支架上浇筑混凝土，待混凝土达到设计强度后拆除模板和支架。就地浇筑施工无须预制场地，而且不需要大型起吊、运输设备，桥跨结构整体性好，无须做梁间或节间的连接工作。它的缺点主要是工期长，施工质量易受季节性气候的影响、不容易控制，对预应力混凝土梁因受混凝土收缩、徐变的影响将产生较大的预应力损失，施工中的支架、模板耗用量大，施工费用高，搭设支架影响排洪、通航，施工期间可能受到洪水和漂流物的威胁。

二、预制安装施工法

预制安装施工法是在预制工厂或在运输方便的桥址附近设置预制场进行整孔主梁或大型主梁节段的预制工作，然后采用一定的架设方法进行安装、连接，从而完成桥体结构的施工方法。

这种方法的主要特点：采用工厂预制，有利于确保构件的质量；采用上、下部结构平行作业，将缩短现场施工工期，由此也可降低工程造价；主梁构件在安装时一般已有一定龄期，故可减少混凝土收缩、徐变引起的变形；对桥下通航能力的影响视采用的架设方式而定。此施工方法对施工起吊设备有较高的要求。

三、逐孔施工法

逐孔施工法是中等跨径预应力混凝土简支梁和连续梁中的一种施工方法。它使用一套设备从桥梁的一端逐孔施工，直到对岸。其从施工设备、梁体构件制造等方面可分为使用移动支架逐孔组拼预制节段施工和移动模架逐孔现浇施工。

采用移动模架逐孔施工的主要特点：不需要设置地面支架，不影响通航和桥下交通，施工安全、可靠；有良好的施工环境，保证施工质量，一套模架可多次周转使用，具有在预制场生产的优点；机械化、自动化程度高，节省劳力，降低劳动强度；移动模架设备投资大，施工准备和操作都较复杂；移动模架逐孔施工宜在桥梁跨径小于 50 m 的多跨长桥上使用。

四、悬臂施工法

（1）桥梁在施工过程中，主梁或与桥墩固接，或在桥墩附近支承，在主梁上将产生负弯矩。因此，该施工法适用于运营状态下的结构受力与施工状态比较接近的桥梁，如连续梁、悬臂梁、刚构桥等。

（2）对非墩、梁固接的预应力混凝土梁桥，在施工时需采取措施，使墩、梁临时固接，保证施工期结构的稳定。

（3）对施工中墩梁固接的桥墩可能承受因施工而产生的弯矩。

悬臂浇筑施工简便，结构整体性好，施工中可不断调整位置；悬臂拼装施工速度快，桥梁上下部结构可平行作业，但施工精度要求比较高；悬臂施工法可不用或少用支架，施工不影响通航或桥下交通，节省施工费用，降低工程造价。

五、转体施工法

转体施工是将桥梁构件先在桥位处岸边（或路边及适当位置）进行制作，待混凝土达到设计强度后旋转构件就位的施工方法。

在转体施工中，桥梁结构的支座位置一般设定为施工时的旋转支承和旋转轴，桥梁完工后，按设计要求改变支承情况。

转体施工的主要特点：可利用施工现场的地形安排构件制造的场地；施工期间不断航，不影响桥下交通；施工设备少，装置简单，容易制作和掌握；减少高空作业，施工工序简单，施工迅速；转体施工适用于单跨、双跨和三跨桥梁，可在深水、峡谷中建桥采用，同时适用于平原区以及城市跨线桥。

六、顶推施工法

顶推施工是在沿桥纵轴方向的台后设置预制场地，分节段预制，并用纵向预应力筋将预制节段与施工完成的梁段连接成整体；然后通过顶推装置施力，将梁体向前顶推出预制场地；之后在预制场连续进行下一节段梁的预制，循环操作直至施工完成。

顶推施工法的特点：可运用简易的施工设备建造长大桥梁，施工费用低，施工平稳无噪声，可在水深、山谷和高桥墩上采用，也可在曲率相同的弯桥和坡桥上使用；对变坡度、变高度的多跨连续梁桥和夹有平曲线或竖曲线较长的桥梁均难以适用；主梁在固定场地分段预制，连续作业，便于施工管理，避免了高空作业，结构整体性好；顶推施工时，梁的受力状态变化很大，施工阶段梁的受力状态与运营时期的受力状态差别较大，因此在梁的截面设计和预应力钢束布置时为同时满足施工与运营的要求，将需较大的用钢量。

七、横移施工法

横移施工是在待安装结构的位置旁预制该结构物，并横向移动该结构物，将它安置在规定的位置上。

横移法施工的主要特点是在整个操作期间，与该结构有关的支座位置保持不变，即没有改变桥梁的结构体系。在横移期间，以临时支座支承该结构的施工重量。横移施工多用于正常通车线路上的桥梁工程的换梁，也可与其他施工方法配合使用。

八、提升施工法

提升施工法是一种采用竖向运动施工就位的方法，即在未来安置结构物以下的地面上预制该结构并把它提升就位的施工方法。

提升施工法适用于整体结构，重量可达数千吨，使用该法的要求是：在该结构下面需要有一个适宜的地面；拥有一定起重能力的提升设备；地基承载力需满足施工要求；被提升的结构应保持平衡。

第四节 预应力桥梁施工技术

在道路桥梁进行施工的过程中，对于工程的结构部位实现去添加一些多余的压力，而被用作防止因为施工过程中外界带来的负荷压力太多而使得施工质量不符合标准的问题经常产生。通过使用预应力技术使其能够对于工程机构自身的负荷能力给予提升，同时还对工程的质量给予很大的保证。在混凝土模块进行浇筑时会使用预应力的技术，这种技术能够使得混凝土结构变得更为坚固和稳定，同时使其自身有着非常强大的耐压力，以对提升工程结构的负荷量给予保证，并且使其自身的承压力也得到提高，所以预应力技术的使用能够非常合理快速地对道路桥梁自身的重负荷量进行挑战，使得其自身的使用寿命得到延长。近几年伴随着我们国家社会经济建设力度的提升，工程投入量上也不断增多，项目施工过程中预应力技术的使用也开始受到了大家的普遍关注，预应力技术的使用已经成为施工质量的有效保障，其自身能够快速地对建筑结构自身的高强度性能给予保证，并且对于道路桥梁所出现的病害问题进行控制，可以降低工程结构的总量，令其自身能够承担比较大的负荷。在当前进行施工的道路桥梁工程中，可需要在具体的施工情况下去适当地选择所需要的施工技术，而其中对于预应力技术的使用则给予了非常高度的认可，可以说这种技术已经在项目施工中被广泛地用于实际施工。例如，在工程结构的受弯部件里去进行预应力技术的使用，能够很好地对于工程结构性能进行改善，使得工程自身的负荷能力得到提升，使得道路桥梁的使用寿命得到保证，令其能够对交通运输的需求给予满足。

一、现今道路桥梁施工中预应力技术的发展现状

（一）道路桥梁施工中预应力技术存在的问题

道路桥梁施工是一项较为烦琐的工程，在施工时会出现一些难以解决的问题。例如，会有桥梁跨度过大，混凝土浇筑上的困扰等问题。这些问题都会对施工的进度有着或多或少的影响，从而使施工项目存在质量上的问题，进而给施工方带来经济上的损失。预应力技术在道路桥梁施工中的应用，就能很大程度地解决这些问题，使道路桥梁的安全和质量都有所提

升。但是，在实际的道路桥梁的施工中，这一技术在一些细节上还存在着很大的施工难度，使施工人员难以把握，造成预应力技术难以得到广泛的推广。因此，预应力施工技术还是一种专项的技术，要配有专业技术的施工人员才能进行预应力技术的施工。

1. 控制后张法张拉力中所存在的不足

桥梁建筑施工单位在实际工作中，用后张法张拉力时，常见的方式是用预应力筋和张力一起伸长，将控制张力变成施工衡量工作的依据，将伸长率变成检测对准工作的依据。施工单位在实际操作中一般都用 1.5 油压来对拉力进行计算工作，但是这种计算方式在计算过程中受到的影响因素较多，所以与实际结果会有较大的偏差。有些甚至会没有校准结构，再加上相关的工作人员没有受到相关知识的系统培训以及工作态度消极懈怠，从而就导致了在控制后张法张拉力工作过程中出现较大的偏差，无法准确地读数以及无法控制张力的稳定等问题。

2. 预应力现浇桥梁施工技术无法控制张拉的时间

就现阶段来看，桥梁建筑施工单位为了提升预应力的强度，通常会在材料中加入早强剂，运用这种方法在 2 ~ 3 d 之后就能对张拉预应力进行浇筑工作了。但是，提升混凝土的强度不是短时间就能完成的工作，根据混凝土的弹性模量增长缓慢，强度增长迅速，如果将两者同时进行增加工作，就会使混凝土明显的出现变形。如果过早的处理张拉力，就会提高预应力的损失，进而使桥梁出现严重的质量问题。例如，桥梁在建成之后没有达到预期的承载能力或在桥梁表面出现诸多缝隙。过早张拉处理预应力，不仅会导致桥梁的质量出现严重的问题，还会对混凝土的强度造成一定的不良影响。众多桥梁施工单位在实际工作中发现，这种结构的实际强度往往会低于预测的强度。

3. 预应力孔道压浆中存在着不足

预应力现浇桥梁施工技术中孔道压浆主要有两种作用，第一，预应力孔道压浆可以使结构和预应力筋一同进行。第二，有效地提升预应力筋的耐腐蚀性。但是，就目前来看，桥梁建筑单位在实际工作过程中往往在密实度与饱满度方面出现严重的问题，无法达到预期的要求。造成这些问题的主要原因就是桥梁建筑单位对浆体注浆的过程严重忽略。现阶段，孔道的安全性，注浆的工作流程以及泥浆所用的材料等方面都存在着诸多的问题，其中尤为突出的问题就是水与灰的比值不能达到要求。

（二）道路桥梁施工中预应力技术的优势

在道路桥梁的施工中，预应力技术具体有三个优势使道路桥梁工程在质量上得到保证，具体表现在当该工程受到一些拉力时，这三种优势可以发挥其各自的性能使道路桥梁变得更加的稳定。主要是因为预应力技术可以使施工的部件之间的拉力得到很好的提升，让道路桥梁在施工中不会出现混凝土裂缝的现象。预应力技术在道路桥梁中的应用还能够最大限度地降低混凝土的荷载，使出现的混凝土裂缝得到愈合，逐渐地缓解道路桥梁的构建之间的疲劳性，使部件之间的使用寿命得到延伸。在道路桥梁施工中运用预应力技术可以将施工项目中的内力得到调整，换句话说，假如道路桥梁的跨度大的话，预应力技术能够使道路桥梁项目更加的完整并且还能确保施工项目的稳定性能，使道路桥梁的自重因为预应力技术可以得到减轻；在减少材料使用数量的同时，降低了施工的成本，使材料的使用效率有了提升，使道路桥梁工程的承载力度更大。

（三）道路桥梁施工中预应力技术的劣势

在道路桥梁的施工中，预应力也存在着一些缺陷影响着工程施工的进度。尽管在道路桥梁的施工中，预应力技术的应用能最大限度地提升道路桥梁的质量，但是在施工过程中却存在着一些问题。由于预应力技术在一些细节上较为烦琐，让施工人员在施工过程中存在着一些困扰，在预应力施工技术的环节中存在着一些难度。比如，预应力技术需要专业的知识和施工设备及施工能力才能进行施工。所以，在施工中不仅对相关的设备提出了要求，也对施工人员的技术要求有明确的标准。在混凝土施工的结构中，预应力技术的运用也有较高的标准，要是在混凝土施工中存在一点问题，称为反拉应力，这会影响到道路桥梁施工的质量。在道路桥梁的施工中，预应力技术的应用还会存在一些制约的问题，一般来讲，一些大型的道路工程施工项目建设就适合应用预应力技术。但是，一些小型的道路桥梁建，或是部件和跨度都小的道路桥梁工程，就不适用预应力技术，会增加道路共桥梁建设的成本。

二、道路桥梁预应力施工技术

（一）预应力材料

在对预应力材料进行选择时，也一定要参照相关设计的要求去选择一些适合的机械，同时还需要对预应力材料的质量给予很好的保证。在对预应力材料进行选择时要求所使用的材料必须具备出厂的质量报告，这样做能够很好地对材料自身的合格性给予充分的保证。采购人员在完成对预应力材料的购买之后，还应该在进行使用前对所需要材料自身的强度和刚度及严密性给予充分的检验，从而使用这样的方式对每项功能都能够与施工所需要的要求保持一致。同时还要求有关人员在对预应力材料进行保管过程中，对材料的安置是否合理进行检查和监督，尽可能地防止预应力材料的外部产生损伤。施工单位只有对预应力材料自身的质量给予充分的保证，才能更好地对道路桥梁自身建设上的质量给予充分的保证。

（二）使用钢绞线

近几年，伴随着我国科学技术与科学发展速度上的持续发展与提升，预应力技术在道路桥梁建设过程中所起到的作用也在不断提升，但是其在具体运用过程中还或多或少的存在问题。例如，在施工过程中的质量控制并未获得足够的重视，并且有关人员在对材料监管上的力度也并不是十分的严格等。预应力钢绞线在施工过程中可以说也发挥了非常主要的作用，这种绞线主要是通过钢丝构成，并且使用机械绞合构成一个力度非常强大的钢缆，所以在道路桥梁施工过程中主要是起到了对工程质量给予保证的作用。

（三）合理并且有效的使用预应力张拉

如果想要在当前道路桥梁建设过程中对预应力张拉工艺进行使用，就必须使用张拉设备，但是进行张拉设备使用的过程中还需要对其自身的有效性和科学性给予充分的保证。张拉设备可以说是进行张拉作业的主要基础并且也是张拉作业是否能够获得成功的主要保证，其在当前道路桥梁施工质量的控制上有着非常主要的地位。但是，如果想要降低并且尽可能地避免在施工过程中预应力筋生锈以及腐蚀问题，就应该通过智能压浆的方式对道路桥梁自身结构上的稳固性给予保证。另外，针对在施工过程中所产生的一些管道堵塞等情况，也能够选择智能压浆对管道中存在的杂质进行排除，使其能够提升压力冲孔。通过这样的一种形式，还能够非常科学并且有效地提升和保证道路桥梁自身的工程质量。

综上所述，伴随着当前社会经济持续发展，道路桥梁的使用在交通运输基础上也发挥了非常主要的作用。所以，有关的部门和施工单位还应该更为注重对于道路桥梁建设过程中的质量控制；预应力技术在使用时需要对其持续地进行变革与完善，使其能够更好地保证道路桥梁建设的质量。

三、预应力桥梁的施工质量管理方案

（一）混凝土施工质量的管理

材料的质量直接影响着桥梁施工的施工质量，选用碎石、添加剂和水泥等。混凝土经过搅拌混合后按照骨料比例将材料分为细骨料和粗骨料。混凝土选用的粗骨料的最大颗粒直径不得超过其构件截面的1/4，不得超过钢筋最小间距的3/4。考虑到预拌混凝土泵的特点，将石子的最大颗粒直径控制在 30 mm 以下。水泥的品种质量是决定混凝土强度的有效方法，根据混凝土设计标准，选择水泥进场的品种标准、级别、散装型号、出厂日期等。经过合理的检查后，应对其强度进行安装设定，确定需要复验的标准。其质量必须符合现行的国家标准规定。

（二）混凝土施工质量标配控制

准确配比完成混凝土施工质量的管理，确保混凝土在合理的设计等级下，可以完成质量竣工验收，防止出现工程进度滞后或工程水平出现混乱等问题。充分考虑工程施工项目的基本特点、环境气候变化、混凝土输配送成本和方式等问题。进入搅拌机的砂石料必须经过比例标准衡量后，称重检查校正后，方可以进行分析，散装水泥必须过秤后，以每袋水泥为剂量单位，确定抽查正确比例，严格控制水量。每班加工前，需要对天气变化进行分析。浇筑混凝土时，需要注意混凝土的分层离析，确保混凝土拌合物运至浇筑地的时候，及时进行入模浇筑，卸入内槽的混凝土高度不得超过 2 m，混凝土的振捣施工功率应当控制在 22 kW 以内，插入振捣器和振动梁配套完成相关作业。浇筑混凝土需要连续配合完成，需要逐步缩短间隔时间，在混凝土凝结前浇筑完毕。混凝土在运输过程中，需要对浇筑间隔的时间进行规范，设置浇筑施工缝，静止混凝土施工完毕后，及时进行运输，控制规范时间，不可以查到施工缝。混凝土在浇筑和静置过程中，应当及时修补和整理，确保混凝土表面及时修补和养生，从而提升交通运输过程中足够的强度。混凝土如果养护不及时，就会造成混凝土脱水的现象，需要根据施工时间、施工环境、混凝土成分等多种级别问题进行分析。一旦出现混凝土温度高于 5℃时，需要采用适当的混凝土表面材料加铺，确保材料混凝土浇水比例情况，混凝土浇筑完毕后 1 小时内完成铺盖问题。

（三）预应力的管道安装方案

预应力管道的安装是否准确需要依据混凝土的预应力桥梁量体受力情况进行设计，分析桥梁施工完毕后其安全运行状况，及时对预应力混凝土施工中的重点问题进行分析。在预应力管道的安装施工中确保管道位置水平顺滑、漏浆比例合理、密封效果良好等。

四、桥梁施工中预应力技术施工质量控制措施

（一）严控原材料质量

进行预应力施工作业时，应当应用预应力材料。比如，应用钢绞线材料、碳纤维材料，这样不仅可以保证预应力施工的整体质量，同时还能保证施工中的安全性。要是预应力施工过程中采用的材料达不到质量要求，便会导致严重的质量问题。所以，施工中的各项材料均应当进行严格检查，有些具有特殊要求的材料应当进行专门检测。

（二）预防工字梁破碎的措施

工字梁出现破碎主要指的是在进行张拉处理之后，工字梁结构梁底部位出现了一定的混凝土破碎问题，要想预防工字梁破碎问题的出现，可以采用以下两种措施：

（1）在进行梁体的预制过程中，应当预先加设橡胶板结构，厚度值为 2 cm 左右，长度值为 1 m，将橡胶板设置在底模端部位置处。在梁结构完成张拉作用后，此时橡胶板便会受到一定的压力作用，从而发生形变，这样便有效地增大了梁的受力面积，确保将梁收到的集中应力能够进一步分散，从而有效地避免工字梁端部发生破碎问题。

（2）进行梁结构预制时，还可以设置相应的倒角，在梁结构完成了张拉施工后，便能够确保梁结构的受压面积进一步增加，从而有效地防止梁体出现破碎问题。

（三）先张法和后张法施工措施

在采用先张法施工工艺时，重点要确保均匀的放张，所采用的方法多为千斤顶法以及沙箱法等。若是利用千斤顶法进行张拉处理时，要求在放张的过程中，尽可能多次完成。若是利用沙箱法进行张拉处理时，要求进行放张的过程中，要保持均匀的速度。要是张拉时钢筋只有一根，则多是采用螺母拧松方法，在采用此种方法工艺时，不能够把力筋一次性放松，应当首先将两侧位置放松，再将中间位置放松。

在采用后张法施工工艺时，进行张拉处理时，应当尤为注意克服局部的应力集中问题。首先，应当确保构件的尺寸能够达到标准以及设计要求，并且进行张拉作业时应当保障混凝土构件的强度值达到设计要求，若是设计中未明确规定张拉强度要求，则要求混凝土构件强度值超过混凝土设计等级强度的75%。在张拉完成后，同样应当对张拉作业加以检查，若是存在滑丝或者是断丝问题，当滑丝或者断丝数量超过了总数量的1%时，则需要将滑丝或者断丝进行更换处理，然后再次进行张拉作业。

五、高速道路桥梁施工过程中预应力技术的应用分析

（一）预应力技术在混凝土路面的应用

混凝土路面施工和其他施工技术相比具有较多的技术含量。近些年，预应力技术已经在我国的道路桥梁以及混凝土路面施工中广泛运用，预应力技术在道路桥梁中的作用和混凝土在道路施工中的作用相仿，利用的基本原理也类似。首先需要将预应力钢筋捆绑在地面，并在纵向上对其施力，然后使凝土路面能达到看不见裂缝的施工标准，更有效地避免混凝土路面产生裂缝。在现阶段，我国的预应力技术发展日趋完善，希望未来在道路混凝土路面的应用也更加成熟。

（二）预应力技术在道路桥梁加固中的应用

首先必须要对桥梁进行专门的加固，才能进行道路桥梁工程施工。利用的原理是通过改变薄弱结构的组件，增加桥梁承受压力的限度，延长桥梁的使用寿命。总之，合理使用预应力技术可以降低混凝土的承受压力，对构成组件施加一定的压力可以使受压区出现拉应力，受拉区产生相应的抵抗压力，可以将组间的承受压力控制在可承受范围之内。

（三）预应力技术在盖梁上的应用

桥梁盖梁属于承接桥梁柱子与桥板之间的承接结构，虽然本身自重很小，对恒荷载影响不高，但是事实上它却是整个桥梁施工的关键。因此，在正常施工的过程中将盖梁预应力当作一种外荷载是相当必要的，关键问题是如何处理好预应力大小以及控制预应力的时间，从这个问题上就非常明白了严格控制的重要性。桥梁在使用过程中除要承受它自身的恒荷载外还必须要承受行车带来的重量，因此要想使桥板承受活荷载作用在桥梁主体承重柱上，就需要一个良性的传递。

（四）预应力技术在混凝土连续梁中的应用

可以依据主筋配置的差异性将混凝土连续梁分为钢筋混凝土和预应力混凝土这两大连续梁种类。其中，预应力混凝土是指一些长度大于25 m的跨径型大中等连续梁中，混凝土连续梁包括负弯区和正弯区，通常来说负弯区出现在支架位置。跨中属于正弯区，桥梁的抗剪承压力和抗弯承压力如果没有达到规定标准，就必须对其加固。使用粘贴碳纤维材料对抗弯承受力较低正弯区进行加固，使用分节悬臂法对多跨度连续梁施工进行加固。可

以采取对称式施工方式或者频繁变换结构体的形式来使悬臂施工呈线性延伸，优化配置支架的水平预偏量以及对竖向预拱度实施预应力装载。

第四章　道路工程技术

第一节　道路路基施工技术

道路是现代交通运输发展的基础，尤其是道路在城市发展中具有不可替代的作用。路基、路面以及道路附属结构设施共同组成了道路工程，任何一项施工技术都会影响到道路工程的施工质量，其中以路基施工技术最为关键。如果路基施工一旦出现各种质量问题，则路面也难以避免地出现裂缝、坑槽、不均匀沉降等各种病害，影响道路通行效率的同时，还会影响行车安全，因而需要高度重视道路及城市道路路基施工技术。笔者根据多年道路工程施工经验，就道路及城市道路路基施工技术分析如下。

一、道路及城市道路路基施工特点分析

明确道路工程施工特点，才能更好地运用施工技术控制不利因素，保证施工质量。道路以及城市道路在路基施工方面具有以下特点：（1）施工内容较多。路基施工中涉及较多的施工内容，如路肩施工、挡土墙施工、软弱地基处理技术、给排水管网、综合管道等，多种施工内容增加了道路路基施工难度。（2）机械化程度较高。施工中需要有相关的施工设备、机械配合施工。（3）施工影响因素较多。道路路基在施工过程中会受到较多因素的影响，如岩土地质条件、水文气候条件、施工工艺方法、道路设计相关指标以及施工人员综合素质等，多种因素都会对道路路基施工造成影响，增加了施工管理的难度。充分认识到路基施工特点，才能在实际的道路施工过程中充分考虑施工特点，科学选择施工技术，保证施工质量。

二、道路及城市道路路基施工相关要求

（一）路基稳定性要求

路基的稳定性要求是保证道路整体施工质量的关键，路面自身的荷载以及后期车辆通行荷载都会通过路基传递给大地，如果路基的稳定性较差，则很容易出现各类安全事故。尤其是在道路投入使用并且在行车荷载或者暴雨等自然环境因素作用下很容易出现路基的

失稳，路基一旦失稳，不仅造成交通的瘫痪，严重的可引起安全事故。因而路基具有稳定性要求，要求施工完成的路基能够保证在长期荷载作用下不出现过大的变形、破坏。

（二）路基强度要求

路面荷载以及通过路面传递的车辆等荷载都需要路基承担，而在道路施工完成并且投入运营后，道路会持续地受到车辆荷载的作用，长期行车荷载，必然导致路基出现沉降。在一定范围内的路基沉降是允许的，但是如果超过了一定范围，则不利于行车安全，同时也是不符合质量要求的，所以路基还需要保证有足够的强度，保证路基以及道路工程满足使用年限要求。

（三）水温稳定性要求

路基在水以及温度作用下，会产生部分不良影响。如果路基底部存在着地下水或者是路基顶面有大量水的作用，则路基会长时间浸泡在水中，而水会造成路基的强度降低，同时还会影响到路基的稳定性，这对于道路工程极为不利。除此之外，外界气候变化引起的温度变化也会对路基产生不利影响，特别是在北方的冬季，如果路基经过反复性的冻融循环，可造成路基强度和稳定性的下降，并产生各种道路病害，所以水温稳定性也是路基需要满足的。

三、道路及城市道路路基施工流程

（一）施工前期准备工作

在道路工程施工前期需要做好充足的准备工作，对于设计图纸、工程地质侦察资料、道路施工要求等相关文件进行全面研究。明确道路设计者的设计意图，全面审图，避免设计中存在问题，对于表述不清或者是存在问题的需要快速联系设计单位进行更改。全面掌握施工的相关资料，准备好施工过程中所需要的材料、机械设备等。根据中标情况，合理选择施工单位，要求施工单位管理能力较强，有相关的类似工程经验。

深入施工区域进行勘察，明确道路施工区域周边存在的建筑物、已有道路等，同时联合相关部门，对于施工区域内存在的各种地下管道、线路、管路、文物、泉眼、水井、水渠、地下水位等进行标记。做好规划线路以及高程变化的复测，核对水准点以及控制桩，根据具体情况可增加控制桩，测量并绘制道路横断面信息，测量需要由专业人员完成。根据已经掌握的相关信息编制施工技术方案，从基础资料、现场情况、人力资源、机械设备等多方面做好准备工作。

道路工程的施工测量必须以设计图为基准，在工程施工现场，划定道路工程的中轴线，把施工图中标定的建筑平面位置、高程与形状等及早落实下来。整个施工测量中要把工程施工设计图当作作业指导来对待。道路工程路基测量内容主要有：水准点、中线与导线的测量和复测。工程施工技术人员必须对施工图做认真的研究，将施工图中标注的注意事项和关键点检索出来，形成对工程施工的清晰认知，清楚工程测量中出现误差超出规定范围的危害程度，有意识的工程测量中的精确度，严格按照施工图的要求进行施工测量。中线复测过程中增加加桩地面与临时水准基点的标高，确保工序测量防线纵横断面所具有的定位精度，并认真探寻路面覆盖下的管路网线，确保工程路基与建筑物处理严格遵循设计图施工。

（二）基底处理

根据路基施工区域基底土壤类型、基底的自然状态、岩土力学参数等，进一步明确基底的稳定性和承载力等是否符合路基设计要求。根据路基的土质类型以及参数确定改进措施，如果路基为砂性土或者是黏性土，需要进行路基处理。砂性土可采用挤实砂桩法进行处理；黏性土可采用压实法进行处理。通过技术措施提高其强度以及稳定性要求，尤其是对于路堤施工，需要控制好填筑高度，并采取措施保证路基稳定性。在填筑前，需要对基底范围内存在的地表杂土、杂物、垃圾等进行彻底清理，不同地基的具体处理方法存在差异性。

（三）填方施工以及挖方施工

对于填方施工，在路基施工前，需要对回填土体的类型、分布情况、土质参数以及实验报告进行检查，只有符合要求的土体才能用于填方施工。常规的可采用符合要求的土体进行回填，也可采用土石方填筑进行施工，但是如果属于软土地基，则需要采用专项施工方案进行处理。

对于挖方路基，在开挖前，同样需要将原始地面存在的各类垃圾、表土进行清理，按照从上向下逐层开挖的方法进行施工。根据具体开挖深度情况，做好边坡的防护处理。

在路基填筑过程中需要分层摊铺压实，严格控制每层的厚度以及土体中的含水量，尤其是其中存在不透水的材料或者是透水性不良材料时。如果摊铺过程中的土体湿度较大，则需要进行处理。在具体施工中还应该根据施工区域的季节变化情况，做好临时排水，避免水对路基造成的影响。

工程路基做大规模土方开挖前要做一些必要的准备工作，其主要有：做工程施工地表区域的清理与挖除施工，开挖排水与截水沟并保证排水顺畅；按照工程地域土质状况做路基防渗施工。土方挖掘施工中要保证边坡区域的稳定性，严禁土方开挖施工对周围建筑产生不良影响。土方开挖施工通常按照分层开挖的方式施工，开挖施工中要确保路基排水正常。土方开挖施工主要采用的机械设备是挖掘机，辅助机械为自动装卸运输汽车，工程路基具有较复杂施工地质状况的需要进行人力土方挖掘。土方开挖施工要按照设计图标定的放样坡度施工，施工中要控制合理开挖，尽可能不出现超挖、少挖现象。土方挖掘作业顺序是自上而下。开挖施工中出现土质变化，需要调整作业方式时，要及时上报情况，技术人员要第一时间做好应急处理，确保土方开挖的有序安全作业。

进行路基填方施工前，要选取一段路基做施工试验。首先是选择一段进行填方试验的路基作为试验路基，试验研究内容包括试验段路基中土壤相关的设备组合、压实遍数、松铺系数等，并以此确定工程路基整体施工中作业小组的工作量，工作量包括合理工作量与最大工作量两个指标。路基填方试验也可以帮助判断工程设计方案的可行性；试验路基填筑高度达到 0.8 m，在原地表做清理与挖除施工，施工要求翻松表层 0.3 m 土壤，再将表层土壤用压路机做平整压实处理，当压实度超过 93% 时开始土方填筑施工；路堤填土施工高度超过 0.8 m，对原地表做清除与挖除施工，路堤基底做整平施工后先将路堤表面压实，压实度超过 85% 后，开始进行填筑施工。路基进行分层填筑施工，要求填筑土方的外形为路拱形态。为了保证填土施工中路基排水的正常，填土施工中每层施工宽度都要大于标高路基宽度，要求单侧侧边比标高路基宽 0.5 m，从而保证路基边缘的压实度符合设计要求。施工完成要进行路基碾压，碾压施工中要确保碾压均匀且不出现漏压。要先采用普通压路机做平整碾压，其后采用 20 t 振动压路机，根据试验段试验所得规定压实度所需压实遍数做碾压施工。需要注意的是，碾压第一遍采用平整碾压，第二遍开始采用振动碾压，由慢而快，振动由弱到强，碾压直线路段注意由外而内进行碾压施工，而小半径曲线路则从内到外采用纵向进退施工法施工，碾压作业中要求有 0.4 ~ 0.5 m 的轮胎痕迹交叠，从而确保碾压施工均匀且无漏压问题存在。

（四）路基压实处理

在正式压实前，需要根据已有的资料，设置试验路段。通过试验，确定出路基碾压的相关参数，比如松铺土层摊铺厚度、材料含水量、碾压次数、碾压速度、碾压设备等，从而确定出最佳的压实方法，保证压实效果。

每层填料铺设宽度应大于设计宽度，这样能够保证路基边部的压实度要求。路堤在压实过程中，需要定期对高层、路基宽度进行检查，便于及时控制好路基施工的宽度、坡度等相关参数；严格控制每一分层的压实度、标高、宽度等参数，从而保证总体路基压实度。

道路工程开始路基压实时，必须按照施工图标明的工序进行，按照由两边到中间，由轻到重，由慢到快的施工原则进行。施工中只有先碾压路基两边，压实后整个路基切面才能够形成一个弧形路拱。只有由慢到快，才可以防止松土在碾压施工不被压路机推走。碾压施工开始前，先平整路基，其后按照道路中轴线，整理两侧路堤，两侧路堤整理后坡度控制在 2% ~ 4%。弯道施工，由内侧到外侧进行碾压施工，施工前由内侧向外侧平整路基，形成外侧路基较高的横坡，注意该施工区别于直道施工，不再强调由中轴线向两侧平整出坡度，而是由道路内侧向外侧平整，形成外侧较高的单向坡度。碾压要求前后两侧碾压车轮痕迹交叠 0.12 ~ 0.20 m。碾压施工要保证整理碾压的均匀性，确保道路工程不会发生不均匀沉降，单层压实的厚度控制在 0.2 m 内，同层路基施工要采用同一种填筑材料，严谨出现同层采用不同填筑材料。路基出现弹簧土后，要把该区域填筑土取出后晾晒，晾晒通透后方可回填。路基边坡上的压实施工，则和整个路基断面分层一起做填筑压实施工。

在具体实践中，需要对土料和填筑方法合理选择，以便促使路基填筑质量得到保证。

在土料选择中，砂土、碎石类土等都是不错的选择，黏性土的含水量需要符合相关要求，一般不要采用冻土、淤泥或者膨胀性土等。在填筑时，需要仔细清理道路路基，将地表的积水、杂物以及淤泥等清除掉。填筑时需要采用同一类的土质，如果采用的填料有着差异较大的透水性，那么就需要采用分层填筑模式。将透水性较小的填料填筑于上层，将较大透水性的填料填筑于下层。在填筑方法上，有较多的选择；首先是水平分层填筑，结合路基设计的横截面来逐层填筑，结合填料透水性能的差异，来逐层填筑和压实；其次是纵向分层填筑，如果施工段没有较长的距离，且采用铲运机或者挖土机从路堑取土，那么就可以采用纵向分层填筑的方法，逐层推土填筑于纵坡方向，进行密实的碾压。最后是横向填筑法，结合全部高度，来逐步填筑；对于部分路基，压实难度较大，或者没有均匀的沉降等，都可以采用这种方法。

在路基施工过程中，非常关键的一个工序是路基压实，只有做好了路基压实工作，路基强度与稳定性方才可以得到保证。根据实践研究表明，经过科学的压实之后，会在较大程度上改善路基的渗透系数、塑性变形与隔温性能等。在施工之前，需要检验压实机械，对最佳含水量予以确定，如果土体没有合理的含水量，需要有相应的处理措施，过干洒水，过湿晾晒；慢速开始，保证在 4 km/h 内，按照从内向外的原则来碾压，直线段则是从两边到中间，将进退式应用到纵向碾压中，保证足够的均匀和密实。一般来讲，碾压之后路基表面会比较的疏松，那么就需要进行一次慢速静压。

（五）路基维护

路基在施工完成后还需要做好维护工作，对于路堤而言则需要做好边坡的保护工作，可种植绿色植物达到防止水土流失的目的；对于路堤高度较高的可设置挡土墙进行处理；要妥善处理路基周边潜在的水资源，避免水资源对路基造成的影响。

通过路基防护工程的开展，能够对路基病害有效防治，路基稳定性得到增强，对于生态平衡也有着较大意义。一般可以将其划分为三种类型，首先为边坡坡面防护，工程防护与植物防护都是本方面的内容；工程为陡坡面，且没有草木生长，那么就可以采用工程防护，如抹面、喷浆、捶面、勾缝等，在施工之前，需要仔细清除坡面杂质、浮土、松动石块等，露出潜水之后，需要引水处理。植物防护则是将铺草、种草等形式运用过来，将当地的气候条件、土质以及含水量因素等充分纳入考虑范围，以便对植物种类合理选择，保证其能够成活，且养护起来比较方便。可以用直接防护和间接防护来划分冲刷防护，砌石防护、挡土墙防护等都属于直接防护，而导流结构物的设置则是间接防护，防洪堤、拦水坝等都是非常重要的形式。在沿河路基边坡防护中，直接防护类型应用较多。支挡防护主要是借助挡土墙来开展防护工作，挡土墙的作用是为了促使填土或挖方位置稳定性得到保证，如今在道路路基防护中已经得到了广泛应用。挡土墙包括诸多的类型，其中，重力式挡土墙、钢筋混凝土挡土墙等都是应用较多的类型。

利用路基防护工程来提升路基病害防治质量，并提升路基的稳定性。通常可以将防护措施分成三种不同的形式。第一种是边坡坡面防护，因为工程防护和植物防护都需要利用边坡来实现。如果工程所在位置都是坡面，而且坡面上没有任何草木，即可进行工程防护；通过喷浆、勾缝等多种方式，检查坡面是否存在浮土等杂质。第二种是植物防护措施，植物防护措施就是利用种草等方式，结合当地气候条件、当地土壤条件以及当地水文因素等，拓宽植物的可选择范围，保证植物可以在相应位置成活，尽量减少养护难度。在条件允许的情况下，也可以通过直接防护与间接防护相互结合的方式，对冲刷防护以及挡土墙防护等措施相互结合。导流结构物设置是间接防护、防洪堤以及拦水坝施工中十分关键的措施，工作人员在沿河路基边坡防护过程中，一般都会选用直接防护。也可以通过拆土墙来提升支挡防护工作质量，因为挡土墙存在的根本意义就是提升填土稳定性，并保证挖方位置稳定性，这种施工技术已经广泛地应用到当前路基我国道路路基防护中，并取得了良好的使用效果。挡土墙的类型比较多，重力式挡土墙、钢筋混凝土挡土墙等，都是十分常见的挡土墙类型。

（六）特殊地基的处理

在路基施工过程中，难以避免会出现软土地基，此类地基需要设置专项施工技术方案进行处理。对于常见的软土路基可采用深层水泥土搅拌桩、排水砂垫层处理技术、机械碾压施工技术以及置换法施工技术等进行处理。当然不同的软基处理方法有着不同的适用范围，比如软土路基中的黏性土可采用机械碾压施工技术进行处理。对于软土层厚度小、含水量大的软土区域可采用排水砂垫层处理技术，通过对特殊地基的处理，保证路基符合施工要求。

（七）市政工程路基排水施工

工程项目所在地区的路基稳定性，经常会受到当地水资源情况的影响。因为受到水侵蚀的作用，所以路基很容易产生各种病害；必须提升路基排水工程关注度，这也是当前我国市政道路项目施工中必须要注意的一个环节。为了科学有效地处理积水问题，工作人员要修建一些边沟项目，保证排水沟与截水沟的施工质量，并逐渐地完善水资源系统，提升路基边坡稳定性。一般情况下，都会通过人工撬挖或者是爆破等方式来挖掘沟槽，之后利用人工挂线等方式来砌筑。

路基的稳定性和强度会直接受到水的影响，在水的侵蚀作用下，路基病害很容易产生。因此，路基排水工程是施工中需要充分重视的一个方面，避免各种因素导致水患的产生，影响到道路的正常施工。为了有效应对积水，需要修建边沟、排水沟或者截水沟等，对排水系统逐步完善，促使路基边坡稳定性得到保证。一般借助人工撬挖或者爆破的方式来开挖沟槽，借助人工挂线挤浆法来砌筑浆砌片，要严格依据设计要求来开展路基排水沟槽的放线、开挖或者砌筑工作，避免有欠挖或者超挖等问题出现于开挖过程中。如果有超挖不慎出现，需要及时密实的夯填超挖部分，如果出现了欠挖，就需要结合设计要求，继续开挖。平曲线外侧的侧沟纵坡需要能够顺接曲线前后的沟底，避免有积水问题出现于曲线外

侧的沟底。侧沟需要顺接路堑和路堤的交接部位,并且向排水沟或者自然沟中引入,避免积水浸泡或者冲刷

路堤坡脚要严格依据规范和设计要求来控制浆砌石料的强度,选择的石料需要有均匀的色泽,没有裂纹存在。对片石的形状没有过多要求,但是需要控制中部厚度在 5 cm 以上。片石如果是用于镶面,需要保证有平整的表面且较大的尺寸,并且控制其边缘厚度在 15 cm 以上;要借助实验来确定水泥砂浆的强度和配合比,将相应的规范严格贯彻下去,均匀拌和,促使其坍落度与和易性符合相关要求。如果有离析或者沁水等问题出现于运输过程中,需要重新拌和。路基边沟施工中,需要将泄水孔设置于线路的中心侧附近,这样可以将路基内的积水有效排除掉。要结合设计规范要求来设计砌体勾缝,勾缝砂浆初凝后需要进行 1 ~ 2 周的养生,避免有震动、碰撞或者承重等出现于养生期间,否则就会损坏到砌体。

此外,软土地基在道路工程中很容易遇到,在这种情况下就需要科学处理,一般可以借助于水泥搅拌桩技术,合理选择机械;针对路基施工后的沉降问题,需要依据规范来科学处理,一般禁止在雨季施工,并且超载预压工作需要及早进行,促使地下软卧层水得到固结,避免出现沉降问题。

四、道路及城市道路路基施工中存在的问题

道路及城市道路路基施工中存在的问题主要有:①施工前期准备工作不充分,大多数道路及城市道路路基施工工期紧张,因而有些施工单位在具体开展路基施工前,没有全面做好相关准备工作。比如,没有深入施工现场了解施工区域环境、没有进行必要的现场测量。②相关材料控制不当,路基施工中采用的部分材料不符合质量要求,影响后续施工质量。③操作人员综合素质较差,在路基施工过程中,施工人员的工作随意性比较大。由于施工现场属于开放环境,部分施工人员没有完全按照施工流程进行操作,反而是随意地简化施工工艺。比如,降低碾压次数、减少路基碾压中高层、宽度等参数的测定。④现场施工管理水平有待提高,施工现场各种材料、机械设备放置较为混乱。⑤忽视施工过程的管理,路基施工中涉及较多的内容,大多数管理人员只注重施工的进度以及结果,对于施工的过程缺乏监督管理,造成了部分质量隐患没有被发现,影响到后续的正常施工。

(一)道路路基施工测量问题

道路施工测量,是道路路基施工前的准备工作之一。主要工作内容是对线路进行复测,并对路基进行放样处理,按照整体设计规划来确定项目控制测量的精确度。在对路线进行复测时,要严格按照项目设计图纸以及项目施工现场的情况,确定测量细节,并对线路位置、桩点位置进行复核。整个测量过程中,会反复涉及导线测量、中线复测以及水准点复测等位置的工作内容,必须高度重视。在处理路基放样问题时,可以结合项目施工工艺的

要求以及项目施工设计图的内容等，对用地界线、边沟以及排水沟等建筑物截取出来，确定路基轮廓，便于后期项目施工的正常进行，提升施工质量。

（二）道路路基填筑与压实问题

从近年来项目施工经验来看，必须要提升土料、填筑方法选择的合理性，以此来提升路基填筑质量。在对土料进行选择时，尽量将目标集中在砂土、碎石等材料上，而且还要保证黏性土含水量可以满足项目设计的基本需求，尽量不要选择使用冻土或者使用淤泥等材料。工作人员在对材料进行填筑之前，要先对道路路基周围位置进行清理，并将地表上的积水、地表上的杂物以及各种淤泥等清理干净。整个填筑过程，必须要使用相同的土质，如果在施工过程中发现，选用的填料透水性差别比较大，则需要通过分层填筑的方式来填筑各种材料。将透水性比较小的填料填筑到上层，将透水性比较大的填料填筑到下层。填筑方法比较丰富多样，如果可以选择水平分层填筑的方式，则可以结合路基设计横截面来进行分层填筑。按照不同材料透水性能之间的差异，分别对材料进行填筑，并压实。还要从纵向分层填筑的角度来处理工程项目，如果项目施工段的距离比较短，而且使用铲运机或者是挖土机从周围的路堑上取土样，则相关工作人员可以通过纵向分层填筑的方法来填筑纵坡方向的土样，并对其进行压实。最后还要利用横向填筑法进行施工，结合全部高度情况来进行逐步填筑，对一些部分的路基来说，压实难度比较大，而且路基没有均匀沉降，就可以采取该方式进行处理。

五、提高道路及城市道路路基施工的相关措施

（一）全面提升施工人员的综合素质

在道路路基施工过程中，施工人员属于整个施工的主体。不管多完善的施工组织或者是施工技术方案，如果不能落实到位，也不能发挥其作用。施工人员是具体路基施工的执行者，因而施工单位在施工前需要重视施工队伍的选择，应选择一些经过专业培训、责任心强、有丰富施工经验的施工班组；依靠严格的筛查保证施工人员的综合素质，这样才能将各项规章制度、技术方案等落实到位。当然在这个过程中，管理人员也需要发挥自身作用，做好路基施工中的现场指导和监督，注重施工过程管理。

（二）完善施工现场管理

在道路路基施工过程中，需要不断强化现场管理。具体的管理就是对影响施工质量、施工进度、施工安全以及施工技术相关因素的干预和控制，通过控制最大限度降低不利因素对路基施工造成的影响。比如，在施工中关注未来一周内的天气预报，便于尽早采取措施减少水对路基的影响。

道路及城市道路路基施工技术是保证路基施工质量的关键，也是保证整个道路工程施工质量的基础，通过掌握路基施工特点、施工流程、路基基础要求以及存在问题等方面的分析，旨在全面提高道路及城市道路路基施工效果。

六、路基压实质量控制方法

道路路基施工技术和路基的稳定性息息相关，在道路路基施工过程中，不仅要注意技术方面的问题，也要注意路基的稳定性，在路基压实过程中需要做好以下几个准备工作：

（1）选择适合的路基填料，填料质量的好坏直接影响着路基压实的工作质量。因此，在进行路基压实之前，要做好填料的质量检测工作，如有条件应尽量选择砾石类填土作为填料，防止填料中包含种植土、腐殖土等劣质土的存在。同时，路基填筑前，应清除原地表植被和耕植土，之后进行路基填前碾压。

（2）认识试验段的重要意义，充分利用试验段来确定路基施工步骤和参数。在对路基进行填筑压实时，先进行实验，可有效避免在正式的工作中因其他因素的影响导致工作的中断。在土方路基施工时，一般会选择 100 m 以上的路段进行实验，通过实验段填筑确定以后的铺筑方法、压实层数、碾压遍数及其他技术参数。在正式填筑时，铺筑路基的宽度要比设计的宽度宽 50 cm 以上，先放透水性较差的填料，后放透水性较好的填料，每种填料压实后的厚度要保证在 500 mm 以上，表层填料的厚度要保证在 100 mm 以上。值得注意的是，在压实前需要对填料的含水量进行测量，填料最佳的含水量应保证在 ±2% 范围内。压实的过程中，速度不宜过快，应该采用高频低幅的压实方式，并且中途不能掉头。

（3）重点进行特殊路段的质量控制。鱼塘、水田路段应根据具体情况采取适当的清淤排水措施，若为软弱地基时，则应选择适当的软基处理方式进行处理，如采用抛石挤淤、换填沙砾石、碎石桩等处理方式。纵向填挖交界处应设置过渡段，其填方区长度应不小于 10 m，且应采用级配较好的砾类土、砂类土或砂岩片碎屑填筑，必要时应于路面底面以下铺设 2～3 层土工格栅。当纵向填挖交界处或半填半挖路段挖方为土质时，挖方区路床范围土质应挖除做换填处理。在基岩裂隙水多的部位，应酌情设置横向排水渗沟，并于适当位置引出，防止裂隙水渗入填方区软化路堤。地面横坡陡于 1：5 地段的填方路堤，应根据斜坡路堤的岩土性质、水文情况、横坡陡缓、填方高度等具体情况，采取措施进行处理。如开挖方向台阶、设置护脚、增加排水措施、加铺土工格栅、设置抗滑挡墙、桩板墙等加固措施。路桥（涵）过渡路基应加强处理，如采用透水性良好的沙砾石或碎石填筑，填筑至顶部时应检验回填区压实度是否满足要求，若不满足应进行注浆补救处理，避免路基在桥涵构造物两侧产生不均匀沉降进而导致跳车现象，影响车辆行驶舒适性。

（4）加强专业技术人员、特种人员管理工作。在进行路基压实工作时，要安排专业技术人员进行质量管理，确保每一层填料压实度，非经检测合格不得进行下一层的填料工作。

道路路基施工技术和路基压实工作对于后续的道路质量起到十分关键的作用，无论是建设单位还是施工单位都必须重视起来，加强路基施工的质量监督和管理工作。在前期的准备工作中，也要严格把控填料、特殊路段的质量管理，努力提高道路项目的质量，降低成本，为我国交通运输业的正常运行保驾护航。

第二节　道路路面施工技术

对于道路工程而言可以说是现代化城市建设非常重要的标志，将道路搞好对于美好城市的建设与发展有着十分重要的意义。由于我国近年以来道路建设发展相当迅速，因此造成了城市交通量急剧增加，关于道路在日常的运行中所出现的一些问题及危害也逐渐暴露出来。因此，如何将道路建设做好不但要有非常全面科学的设计与规划，还必须要将其质量进行严格把关。在道路运营前一定要确保其质量不会出现问题，只有这样才能确保人民大众的安全出行。

对于道路工程施工而言，道路土基是其最为基础的。不管是对其进行路槽的挖方，还是路提的填土问题，这些都与道路工程的施工质量有着密切关系。假如进行道路工程施工的过程中，未能处理好土基问题，就很难将其质量搞好，这些理论问题大家都知道，但在实际的施工应用中很少有人能将其做好。对于土基而言，其强度以及稳定性是工程质量的保障，如果是一些较为恶劣的地基环境，一定要经过特殊处理。对于一些沟槽的回填，这是道路施工中所经常出现的，但是如果在回填的过程中不能按照规定进行，就会为道路的施工安全埋下隐患。在最近这些年以来的施工中，有时施工人员对路基横坡的碾压以及整理不够细心，以为没有必要花费太多的资金以及精力去对其进行碾压整平。对于整出路拱而言就更不用说了，通常情况下都是由挖掘机进行微量的整修平整后，也有的是通过推土机进行推压一下，就对其路面基层进行结构材料的铺筑，而且有的只是为了进度，对于那些标高比较低的路基未能加以调整修葺，对于排水设施以及路基盲沟未能考虑。于是就导致了在道路土基修建后有平整度差所出现。还有一些标高不是非常的精确，就会导致较低的地方要通过许多材料进行充实填补，于是就出现了资源的浪费。对于那些较高的地方，会有承重厚度不够高的问题出现，且其强度还达不到要求，于是最终就会导致路面的开裂，这些对于市政路面的使用造成了很大的影响，不但影响人们出行，更为严重的是还会对人民群众的财产安全造成损伤。

一、关于道路工程中出现的问题

（一）路面翻浆及沉陷问题

在进行道路工程的施工过程中，如果对路基施工没有把握好，就会由于路面强度达不到而出现路面翻浆以及沉陷问题。关于道路工程施工，出现这些问题的原因一般有以下几个方面：①未能对路基进行压实处理，在道路工程施工过程中，施工技术人员未能对路基进行多次碾压，有的还出现碾压不均匀的现象。②在道路工程施工过程中未能按照规定对路基进行填土，有时很可能会采用一些高黏性或者是危险膨胀性土，比如湿度太大，膨胀土或者是腐殖土等，采用这些对路基进行填料就会有路面刚度过低的问题出现。③未能有效处理那些软土，一般情况下都是由于在施工过程中对一些排水有阻碍以及水位相对较高的地方的软土未能进行有效处理。

（二）道路路面不平整

对于道路路面工程施工，很有可能会有波浪现象的出现。比如在施工时由于未能将沥青撒布均匀，这些道路在经过车辆的不停碾压以及撞击后就会出现高低不平的状况。有的道路由于面层过薄，就会出现基层以及面层的黏结不够好，于是就出现了路面高低不平的状况。还有的是由于一些局部的路基强度过低，经过长时间的车辆行走撞击也会出现此种状况。

（三）道路混凝土板块出现裂缝

在工程施工过程中，有时由于道路保养不好，其表层就会出现风干现象，就会产生网状且较细类型的裂纹。因为一些角隅处，它们与基层的接触面积相对来说比较小，于是就导致其单位面积内的承受压力非常大，那么基层的沉降就会相当大，这样一来就导致板下出现落空情况，没有对其支撑的力度，于是就有了局部裂纹的产生。还有就是在进行缝隙处理时其时间过于缓慢，于是就导致出现收缩裂缝，在后期道路开放后，经过车辆的碾压，就很有可能会出现道路混凝土板出现裂缝。

二、道路路面施工技术要点

（一）混合料的拌和

①合理的水泥和矿粉。②在混合料拌合物形成的过程中，最重要的材料就是水泥和矿粉。在混合料拌合物的拌和计算时，应该将这两种材料进行有效的计算，根据每天使用的材料量进行及时计量的拌和，防止施工人员进行二次加料的状况出现，保证材料的统一使用原则。③合理的配比。在混合料的配比过程中，应该按照相关的规范进行集料，矿粉以及水泥的配比，只有合理的配比，才能有效地保证混合料的质量要求。④合理温度控制。混合料材料的配置过程中，应采用导热油加热的方式，该方式的加热温度有相关的要求，所以，在混合料拌合物的加热过程中，应该保证相关的加热温度的控制。

（二）混合料的运输

针对混合料的运输过程，应该遵守相关的运输方式，运送的车辆在车厢的内壁涂刷一层油水混合物，防止在车厢的内部发生混合料的存留。在混合料的运送过程中，应该对相关的运送车辆进行合理的遮蔽，防止在运送过程中导致热量的散失。在道路工程的施工过程中，针对混合料的检测应该有专人进行记录和测量，对于每次出料的状态都应该进行针对性的检验。

（三）混合料的摊铺

从技术要求方面来看，摊铺时要以技术规范为准。混合料的配合比设计应依据具体情况而定，一方面要注重做好各种前期准备工作，另一方面要注意摊铺的速度，均匀度。实践证明，采用连续作业，保证一次性完成，有助于路面质量的提高。除此之外，路机在碾压的过程中，应该从路边向中间行进。其中，双轮式每次的重叠中以 300 mm 为宜，初压时速度为每小时 1.5 ~ 2 km，复压时则要保持在 2.5 ~ 3.5 km 的范围内。

（四）混合料的碾压

在具体的施工与碾压中要注意温度的控制。尤其是要以实际上的勘测情况为准，选用合宜的混合料品种，黏度。一般来说，按照改性混合料本身的性质，应该采用与材料相匹配的温度。如果温度达不到标准，就会导致混合料在搅拌的过程中难以达到均匀状态。在这种情况下实施摊铺，即便碾压力度再强，也会影响摊铺的平整度，最终给施工质量造成严重的影响。因此，在控制温度时，应该以混合料结合料的黏度为准。

沥青路面是当前我国道路工程建设中应用最广泛的一种路面形式，具有安全性、舒适性、稳定性等诸多优势，深受人们的喜爱。如何做好沥青道路路面施工，为人们提供更加舒适、平整、安全的道路，是当前道路建设单位亟待解决的问题。作为道路路面施工过程中至关重要的一部分，施工技术对于道路路面的整体质量起着决定性的作用。文章结合实际经验，就市政沥青道路路面施工技术展开详细的探讨。

三、市政沥青路面施工技术存在的问题

（一）原材料质量缺乏有效的控制

沥青属于混合材料，混合材料的质量主要取决于原材料的质量，作为市政工程中不可或缺的一个组成部分，道路建设要注重防滑、低温抗裂、高温稳定、高强度等性能，这些性能与沥青原材料的质量息息相关。从当前的实际情况来看，施工单位对沥青原材料的质量缺乏有效的控制，导致经常出现不符合耐磨损、高强度特点的硬质材料，施工完成后的沥青路面出现不平甚至凹陷的情况。除此之外，施工单位在选择沥青的时候往往比较随意，导致选择的沥青经常出现不符合软化点高、黏度高等要求，有些甚至还有非常高的含蜡量，导致沥青路面的抗剥落性能比较差，黏合度低。

（二）各项参数配比不合理

混合料的质量除了取决于原材料的质量，还取决于各项参数的配合比。如果配合比不合适，即使原材料的质量再好也是徒劳。在实际的施工中，往往由于配合比设计不合理导致道路工程返工或者无法在规定时间内竣工的情况。道路施工单位将所有的关注点都放在原材料的质量控制上，认为控制好原材料质量就能保证沥青的材料达到标准要求；施工单位盲目借鉴他人的配合比，没有充分考虑到道路的实际情况，导致配合出来的沥青无法适应当地沥青路面的施工要求。

（三）施工程序具有较大的随意性

市政沥青道路路面的施工是一项具有较强专业性的系统工程，对于施工技术、施工程序都有较高的要求。从目前实际情况来看，道路在铺设路面的时候经常会雇用很多的临时工人，这些工人在进行路面铺设时往往表现出较大的随意性，缺乏有效的参考流程，导致沥青路面的铺设质量往往达不到标准要求。

四、市政沥青道路路面施工技术

（一）做好原有路面的处理工作

在铺设路面沥青前，施工单位必须处理好原有的路面，这是保证路面施工质量的基础和前提。首先要处理干净原有路面上的杂质，另外，路面基层中的杂质也必须处理干净，特别是一些树根等，务必要尽力挖出。其次，相关人员要系统地检查土壤。沥青路面对土壤有一定的要求，如果土壤比较松垮，施工单位必须要采取一定的措施进行处理，为基层路面的稳定性和安全性提供有效的保障。最后，相关人员还要全面仔细检查一下整个路面的路基，及时填充一些塌陷的地方，从而保证整个路基的牢固性和稳固性。

（二）保证沥青原材料的质量和配合比

沥青是一种混合料，其质量主要取决于原材料的质量以及配合比，道路施工单位要对此加以重视，在沥青原材料的选择上做好把关工作，保证各项材料的质量参数都能达到设计标准要求，施工单位还要结合施工现场的实际情况进行沥青的实验设计，主要是为了对其配合比进行精确的确定。沥青的配比设计主要有生产配比设计和目标配比设计。生产配合主要指在具体的生产过程中，要对每一道工序都要做好把关工作，通过分析和对比，将矿料、热料等按照适当的比例进行相互搭配，保证在质量达标的基础上消耗最少的资源。目标配合主要指在生产过程中，结合具体情况添加一些其他的物质，从而有效控制矿粉预期比例。无论是生产配合还是目标配合，这两种设计都是为了提高沥青路面的平整性、抗滑性和耐久性的问题。

（三）沥青路面的摊铺技术

沥青的摊铺是沥青路面施工过程中至关重要的一个部分，也是质量控制的重点内容。在实际施工过程中，对于摊铺现场的作业以及指挥需要有三个班组，主要是质量保证组、摊铺作业组以及摊铺前的准备组。为了保证沥青的摊铺质量，这三个班组要做好相互的配合和协调工作。准备工作小组要在沥青摊铺之前对摊铺层进行严格的检查，做好各种病害的处理工作，还要测量路面的纵、横、进、平，针对一些存在缺陷的低段要采取一定的补救措施。另外还要喷洒黏层油，做好摊铺设备的检查工作，及时筛选出不合格的摊铺机，防止施工受到影响。摊铺作业组在进行沥青摊铺时，最重要的一点就是掌握好摊铺的方式和摊铺的速度，结合路面的具体情况选择最佳的摊铺方式和摊铺速度，可以在试拌沥青混合料时进行摊铺试验。在进行沥青摊铺时，一定要保证摊铺的沥青均衡和连续，减少停机的次数。质量保证组则做好相关的检查工作，在摊铺结束后要禁止人员、车辆以及机械通过，保证沥青的摊铺质量达到相关的设计要求。

（四）沥青路面的碾压技术

碾压是沥青路面施工中非常重要的环节，对于沥青路面的整体质量起到了决定性的作用。进行沥青碾压的压路机可以分为两个种类，如果按照形式可以分为轮胎压路机和光面钢轮压路机，如果按照作用可以分为振动作用压路机和静力作用压路机。施工单位在选择压路机时要充分考虑到施工现场的环境以及施工需求，根据实际情况选择合适的压路机。在进行沥青碾压的过程中，相关技术人员必须要控制好碾压的速度，而且要保证碾压的路线要垂直与路面的中心线，此外还要保证碾压的持续性，尤其在变道时，一定要循序渐进，保证沥青路面的质量不受到任何损坏。

综上所述，在我国道路建设事业中，道路是一个具有代表性的缩影，其施工技术是道路顺利建设的需求。随着人们对沥青道路路面的质量要求越来越高，施工单位更要加大对施工技术的研究力度，保证沥青路面建设工作的顺利开展，从而推动我国道路建设事业的可持续发展。

五、道路进行防护

（一）如何确保填充路基土的质量

在道路工程施工的过程中，由于建工改扩工程非常多，且又因为土质又相当复杂，包括有生活垃圾、建筑垃圾以及素土等不同种类材质存在。所以如果在路基填土的过程中，对其不进行选择，把带有草皮的土、表层土、建筑垃圾或者腐殖土等不符合规定的土对路基进行填入，这样就会造成其强度不均的情况出现，一些道路局部不能达到压实标准，这样一来很可能会使道路路基出现沉陷等问题。因此，在进行路基填土时一定要确保填土的质量是否合格，在填土的过程中要注意对土质的分类，对于各种土质要通过实验来确定，并且实验结果一定要做到精确，确保道路路基的压实度。在施工过程中还要确保各层土的厚度是否达到均匀平整，压实度一定要达到压实标准。

（二）如何处理路面的不平整现象

对于那些出现路面不平整的工程，一般采取以下方式，首先将那些拥包进行铲平处理。对于那些坑槽的处理则是将其变形范围内的路面挖成矩形，要注意槽壁一定要垂直，最后还要在其周围涂刷沥青，还有就是不管是基层还是面层填补材料都要与原结构相同，还要对其进行夯实，对于那些较轻的波浪，在夏季时对其进行强行压平处理。

（三）选择合理的施工方案

现如今，在道路工程施工过程中一般都是选用综合机械法或者是机械法对工程进行施工，在进行施工时使用的配套机械一定要选用合理，对于主机一定要有辅机来协助，共同实现综合机械的方法进行施工作业，这样也能大大减少施工的劳动强度，对于工程进度的提高也有帮助，提高了整个施工工程的劳动生产率以及工程质量，减少资金浪费，确保了工程施工的安全性。所以，在施工过程中，所选用的机械一定要与工程施工相符合，尤其是进行平整或者压实的设备，与整个工程施工质量有着密切关系。

道路工程施工技术其实难度并不是太大，但是由于那些工程施工工艺极为复杂，而且在对其进行施工时会受到非常多的因素影响，受到环境条件的制约等，这就造成了工程施工的困难性。因此，在进行道路施工时不仅要考虑到所处的环境，而且需要施工人员注意的因素也非常多，如施工水平、施工装备、技术含量以及管理方式等。所以，要想保障道路工程施工质量，不但要对其装备、技术及管理方式进行改变，最为重要的是对整个施工队伍的素质进行提高，在进行道路工程施工前一定要做好各项准备工作，制订完整的施工计划，对工程施工的各道程序进行控制，确保整个道路工程施工质量。

六、施工的前期准备

（一）问题的调查及处理

在加铺沥青之前，首先要对旧水泥混凝土路面的接缝、裂缝进行调查处理。当旧水泥混凝土路面加铺沥青混凝土后，在其土板上会发生位移，从而产生一定的拉应力。如果拉应力大于沥青混凝土加铺层的抗拉强度之时，便会发生开裂现象，最终缩短混凝土加铺层的寿命。针对此种现象，通常采用加铺道路中所应用的土工布处理，这种方法可以减少反射裂缝现象。其主要作用可以归纳为两点。一方面，可以减少前文所说的拉应力；另一方面，可以在发生裂缝位移时增大应力范围，缓解应力集中后产生的破坏。

（二）确定加铺层的厚度

第一，要对旧路进行调查评定。其主要规定在《道路水泥混凝土路面设计规范》（JTCD 40—2002）中做了明确说明。

第二，根据以上评定结果，选择合理的施工方案。比如，当混凝土路面损坏状况与接缝传荷能力的评定结果在优良等级内，可以采用沥青混凝土进行加铺层处理。具体工序包括：清除表层油迹、碎屑；更换破碎板，填封裂缝；对错台进行平化处理等。在施工的过程中，应该严格按照施工标准操作，最终保证道路铺设的质量。

第三，对反射裂缝进行实际处理的有效措施。要进行此项处理，首先要对实际的接缝能力进行等级评定，如果在等级范围内，即可对其进行处理，另外，实际操作中还要考虑到环境对道路荷载的影响。鉴于此，在旧路改造的过程中，通常为了增加路面的承载力，要求采取必要的措施进行处理。一般情况下，可以选择增加铺设厚度，或者在铺设前预置土工织物夹层的办法来进行处理。

第四，根据减缓反射裂缝的要求来确定其厚度。一般而言，高速道路与一级道路的应用范围必须超过 100 mm，其他等级道路的范围可以小于这个标准。此外，混凝土的弯拉强度、旧路的土板、弹性模标准值等皆需以其实际上的测量值为准。

（三）材料与技术

材料技术要求有两点。第一点，混合料需具备较好的高温稳定性与低温抗疲劳性。第二点，选用集料时应考虑棱角性、筛分、密集、砂当量等。其主要原因为：首先，沥青防反射裂缝应力吸收层的胶结料属于特殊性较强的特种聚合物改性沥青，其高温黏度与低温延度都比较高。其次，集料所用的材料为辉绿岩、花岗岩，这些材料的 SAWI 的级配高，在规格方面非常细致。

七、施工工艺

第一，要在铺设前对旧路进行刨槽。该环节是铺设沥青混凝土路面加铺层前的第一道工序，刨槽完成后，应该及时清理干净废渣、废物，通常情况下，其深度在 20 ~ 30 mm 为宜。

第二，根据实际勘测的情况，对旧路的病害进行处理。在处理的过程中，针对不同的病害，采取有针对性的措施，下面具体分析不同类型的处理方法。一是遇到掉边与缺角问题时，处理方法为，如果边角损害严重，要进行切割处理。然后将损坏部分清理干净，再浇筑 C30 混凝土。如果损坏程度比较小，可以利用风镐进行凿除，再利用中粒式沥青混凝土进行填平压实处理。二是遇到错台与板块开裂的现象，处理方法为先要从理论上考虑，判断是否属于路基方面的质量问题，如果评定结果为路基质量问题，则要将整个板块整体进行凿除，然后重新压实路基，最后浇筑 C30 混凝土。三是遇到板块脱落问题，处理方法为进行板块的钻孔处理，在脱空部位钻取两个或三个孔。其厚度宜在 220 ~ 300 mm，这样有助于水泥砂浆的高压灌注。

第三，若采用现场制料，则应注重选择空旷场地。在制料的过程中，建议采用间歇式搅拌机，进行逐盘打印输出沥青，并控制好料的用量以及温度。除此之外，搅拌机须配备纤维稳定剂投置装置，如果不符合要求，应该及时改装，一般采用厂家指定的方式添加即可。

第四，喷洒黏层油前，要对路面进行水冲洗，这样做有助于提高摊铺的黏度力。另外，还要用压缩机高压空气将路面吹扫干净，然后用沥青洒布机均匀地进行喷洒。摊铺过量时，需要刮除，反之，则要求补刷。因此，为了避免返工，要求尽量摊铺均匀。完成喷洒后，为了避免遭受到污染与损坏，要求对道路进行封闭管理。

第五，土工布铺设要求平整，无气泡。一般要采用人工与机械配合铺设，其接口处要进行相互搭接。具体的操作是：在旧路板块中缝与缩缝两侧，喷洒 170℃ 的黏层油，注意将范围限制在 500 mm，用量一般控制在每米 0.4 kg 左右。

道路在长时间的使用之后，由于负荷加重，自然天气等因素，会出现不同程度的破坏，如断板、裂痕、洼地等，会给道路的正常运行以及用户的出行等都造成很大的麻烦。本节结合相关经验，对旧水泥混凝土路面加铺沥青混凝土的施工方法进行了分析探讨。通过对施工前的路面调查方法与存在的问题的简要介绍，提出了一些具有针对性的解决措施，希望可以提高我国道路的施工水平，进一步推动我国道路施工方面的发展。

八、水泥混凝土路面

水泥混凝土路面与沥青路面都具有相当大的优点，水泥混凝土路面更加注重的是强度与稳定性，并且在进行维修时有着很低的费用，性价比可以说是相当高，很多的建筑公司都在利用水泥混凝土材料进行施工。

在进行水泥混凝土施工时应该选用的是钢模板，但是对钢模板的要求是相对严格的，必须拥有足够的硬度与光泽等。

在对混凝土进行搅拌时一定对所分配的比例严格的执行，这样才会使材料的质量达到最优。在对搅拌后的材料进行运输时一定注意其蒸发后带来的不良效果，采取相对应的措施。

对混凝土进展摊铺时最好的方法就是采用人工摊铺，同时要均匀的铺平，这样在施工时才会减少一些不必要的麻烦。

在施工完成后要进行表面上的养生与修整，在这个过程中一般的建筑公司都会采用在路面洒水或是铺盖东西，在这段时间任何车辆都是禁止通行的，这样会使路面整体看上来更加的美观与平整，也会提高安全性能。

对接缝与填缝的处理。在施工时，要适当地对路面进行切缝，在对路面进行保养之后也及时地进行填缝。

混凝土路面施工中对各种道路病害的预防措施。由于混凝土内外水泥水化热引起的混凝土内部和外部温度差产生温度应力裂缝，而收缩性裂缝主要是因为混凝土在浇筑完成以后，在完全硬化和成型之前，没有采用相关的养护措施，发生一定程度上的塑性收缩。

为了有效控制裂缝出现，需做好保温工作。水泥混凝土路面割缝完成后即可进行保温养护，采用土工布浸湿后覆盖浇水养护，每天洒水次数根据气候而定，水泥砼面层一般养护期为 14 ～ 21 天，气温低时适当延长。也可以选择防水岩棉被或者是塑料薄膜，覆盖在混凝土表面，也可以采用 10 cm 左右厚度的蓄水来进行养护，蓄水方法有利于降低内部及表面存在的温差，防止裂缝出现，但是需要较长的养护周期。采用薄膜覆盖法等进行养护具有良好的效果，其能确保混凝土的表面处于潮湿的状态，从而加强了其强度和稳定性，有利于补偿收缩的正常发挥，养护期间禁止车辆运行，在达到设计强度后方可开放交通。

众所周知"要想富先修路"，国家的经济发展离不开道路、桥梁、铁路等交通的建设，而在道路桥梁的建设过程中，其路基路面的施工质量对于整个工程的施工质量影响重大，特别是路基路面沉降段的施工，路基路面沉降段的施工较为复杂，一旦施工质量不过关，不仅容易留下行车安全隐患问题，而且可能造成车辆桥头跳车等问题从而发生交通事故。

因此，在对道路桥梁路基路面沉降段施工时，务必加强重视，严格按照规范施工，尽量避免沉降段不均匀沉降的发生，进而提高整个道路桥梁工程的质量安全，确保其路基路面通行顺利，行车安全。

九、道路桥梁沉降发生的原因

（一）不重视地基施工

万丈高楼平地起，基础是极为重要的，在道路桥梁路基路面沉降段施工中，其地基的施工质量就极为重要，如果地基施工不合格，就很容易造成路基路面出现不均匀沉降，使得行车不安全，甚至出现车辆桥头跳车等问题从而发生交通事故。因此，只有保证道路桥梁路基路面的地基施工质量，才能保证后续的施工合理，保证最后的道路桥梁质量，使得行车稳定安全。

（二）地基的软土层位置定位不够精确

道路桥梁路基路面出现不均匀沉降问题，大多数都与其地基软土层确定不到位有关，如果施工方没有严格按照设计标准施工或者说设计不够精确的话，其实际施工中的地基软土层就与地基中的自然软土层范围不一致，简单地说就是施工方施工时认为的软土层范围实际上和真正的地基软土层范围不一致，可能真的软土层范围更大，软土层的部分土没有经过处理，这就使得施工存在隐患，最后在道路桥梁通车后，在车辆反复作用下路基路面出现不均匀沉降，造成行车不安全现象。

（三）压实度没有达到标准

道路桥梁路基路面施工中，一般都会进行挖方和填方，一般填方后均会使用压实机进行土的压实，但是在实际施工中，压实机刚开始对填方土进行压实时比较容易，短时间内就能达到一定的压实度，而后再压实就进展较慢，很难达到很高的压实度，所以施工方往往不愿意耗费人力物力进行长时间的压实，这就导致地基土的压实度其实并不高，存在安全隐患，在后续的施工中可能出现问题，易发生不均匀沉降情况。因此，希望施工方在施工中务必将填土压头，保证其压实度达标，避免后续施工问题，避免返工。

（四）搭板设置存在问题

在道路桥梁路基路面施工中，会在特定的位置设置搭板，以此减小其热胀冷缩，并且能减小道路桥梁的刚度变化，保证道路桥梁的稳定性。但是，如果搭板设计设置不合理或者搭板施工不到位，就难以保障道路桥梁路基路面的稳定性，在来往车辆的反复作用下，就容易出现不均匀沉降的情况，使得道路桥梁路基路面的行车不安全，甚至出现桥头跳车等现象，发生交通事故。

十、道路桥梁沉降段路基路面施工技术的运用

（一）控制好搭板长度和强度

道路桥梁路基路面发生不均匀沉降的原因之一就是搭板设置存在问题。因此，为了避免道路桥梁路基路面工程出现不均匀沉降，施工单位对于搭板的布设和施工必须加大重视，对其长度、强度、布设位置进行有效控制，结合现场场地实际情况，合理设计，全面考察，并且针对道路桥梁此段完工后的通车车流量和承载力等问题针对布设搭板，保证其设计的合理性。在搭板施工时，依据土层的抗剪强度确定其搭板长度，保证搭板的强度，在搭板的设计和施工上全方面有效控制，降低路基路面出现不均匀沉降的可能性。

（二）进行沉降段结构模式的合理设计

在对道路桥梁易于沉降路段进行设计时，如果设计水平不到位，设计结构不合理，很容易使得此路段最终发生不均匀沉降。因此，针对这一情况，在实际道路桥梁工程中，设计单位对于易于沉降段的结构设计应加大重视，从各个方面优化设计方案，保证设计合理，提高设计质量，可从以下几个方面来进行优化：①可结合道路桥梁易于沉降段实际设计案例，结合以往道路桥梁的设计经验进行设计优化；②可优化易于沉降段搭板的设计，由于我国目前搭板设计水平还不够高，因此关于搭板设计的提高空间极为广阔，需要相关专业人才研究发展；③可从施工的角度分析验收设计方案的合理性，在施工前进行沉降量计算，并与搭板设计计算相结合，保证道路桥梁沉降量的稳定性。

（三）确保回填作业填料质量

分析道路桥梁路基路面出现不均匀沉降情况的案例可以发现，路基路面的不均匀沉降与此段的回填填料质量密切相关。填料的质量不合格，填料的选择不合理，均会导致道路桥梁路基路面出现不均匀沉降情况。因此，在选择回填填料时一定要慎重：①路基路面出现不均匀沉降情况，那么此段的地质肯定存在差异性，地质情况较差，因此在类似地段时，应首先选择加固材料作为回填填料。②在选择填料时，往往会初步确定几种不同的填料，然后进行土工试验，根据土工试验的试验结果，相互比对，确定出最适合的回填填料。

（四）做好地基的加固处理

在道路桥梁路基路面施工中，地基的施工尤为重要，有些地基承载力较弱，易于沉降，因此必须进行加固处理。例如松软地基，首先可以考虑换土垫层法、塑料排水法、预压法等方法处理地基，加固地基强度，提高地基承载力。如果地基的软土层较厚，厚度超过3 cm，则可以合理选择回填填料进行填充，在一定程度上能降低桥梁桥台和道路路堤之间的沉降差；如果软土层不厚，那么应该减少回填填料，以提高软土层自身土层强度为主，不能过大回填加厚，避免出现不均匀沉降。

总而言之，道路桥梁路基路面不均匀沉降危害重大，影响交通安全。因此，在道路桥

梁工程施工中，务必合理选择回填填料保证其质量，有效控制搭板设计优化沉降段结构模式，并且精确确定地基软土层位置范围并对其进行加固处理，从各个方面有效避免不均匀沉降路段的形成，保证道路桥梁的质量和使用寿命，确保行车稳定安全。

第三节　道路排水施工技术

随着经济的不断发展，我国城市化进程不断推进，道路工程也越来越多，排水工程作为道路工程中的重要一环。目前，我国道路的排水系统仍然有很多不足之处，需要在设计上充分考虑环境影响，在施工过程中重点把握排水系统的结构和施工技术，不断提高排水系统的有效性和使用质量，优化道路的排水系统结构和整体布局。

一、道路排水系统的重要意义

城市是人口高度密集的区域，社会工商业生产活动也极为集中，日常降水、工商业活动及生活所产生的大量废水必须及时排除，否则城市的正常功能将大打折扣。排水系统作为保证城市各项活动正常运转的重要市政基础设施，其系统结构及施工质量直接影响城市的整体功能及城市形象。如果雨水排泄不通畅，造成路面和管道内大量积水，水的长期囤积会渗入路基及附近建筑物（构筑物）基础内，从而破坏路基及附近建筑物（构筑物）基础承载力，对路面及附近建筑物（构筑物）产生非常大的危害。路面积水对结构层形成腐蚀，且路面层沥青混凝土或水泥混凝土都会因雨水浸泡而造成性能不稳定，造成开裂、凹陷、唧浆等病害，路面的病害直接对行车稳定性和安全造成威胁。路基积水则对填料形成膨胀效应，在热胀冷缩作用下路基很容易失稳破坏，可能会造成整个路段的塌陷破坏。因此，城市道路排水对于城市环境的维护及基础设施使用寿命都有显著影响，为了确保市政实施的良好运作，需要在设计及施工过程中做好道路排水管道的规划，保证排水管道的施工质量，将可能的运营质量问题在源头进行解决。

二、道路工程排水系统的基本结构

（一）雨水井

雨水井在道路排水系统中占据非常大的比例，也是排水系统的第一道收水窗口。国内常见的雨水井主要是八六式雨水井和双篦雨水井，双篦雨水井多是带沉泥井的雨水井。八六式雨水井的优势在于施工程序简便，但是对淤泥的沉积能力较弱，容易堵塞排水管道；双篦雨水井的优势在于沉积淤泥垃圾能力较强，但是施工程序复杂困难。雨水井主要作用是用于排除道路的大量积水。

（二）沉泥井

在道路排水系统中，雨水井和沉泥井两种工程的施工常常是密不可分的。通常情况下沉泥井相当于排水系统的第二道关卡，主要功能包括有沉积并储存由雨水井收入的道路表面被雨水和其他水冲刷的路面灰尘、淤泥和垃圾，有助于城市内部道路环境质量和空气质量的整体大幅提升，更能够给道路清洁人员的工作带来便利，同时还可以解决因大量淤泥垃圾的沉积导致排水系统管道阻塞的情况，优化了全市居民的生活质量。

（三）街道排水管

街道排水管的主要作用是将雨水井或者沉泥井与排水检查井相连通。作为连通管道，首先，对排水管的质量要求要非常严格，选择抗腐蚀性较高的、材料化学性质稳定的、符合国家规范要求的排水管非常重要；其次，对过街排水管的尺寸规格选择要合理适当，排水管壁的厚度、管道的抗压强度、排水管的外直径、每节的长度都是要根据具体施工条件进行调整。

三、道路排水系统施工常见的问题

（一）管道出现渗水现象

第一，排水管的质量不合格，管壁可能存在瑕疵裂缝，无法抵抗长时间的水流冲击，抗渗能力差，使得排水管出现渗水漏水现象；第二，管道基础条件太差，出现不均匀沉降，当局部有大量积水时可能导致管道直接断裂；第三，单节管道之间的衔接工作不充分，连接材料使用不当或者使用量不足，多由施工人员缺乏技术经验或者不够仔细造成；第四，在每阶段施工完成后没有及时检查已完成的部分是否存在纰漏。对于上述原因导致的管道渗水，就需要监管部门在施工前期做好选材工作，相应质检部门需要对所选材料进行质量和力学检测，符合要求方可使用；施工人员在施工时要频繁多次细心检查是否存在漏洞，以确保施工的质量和排水管道的稳固性；施工完成后还要请专业人员进行反复的审核，按国家规范要求进行清扫及功能性试验，以保证过道的畅通及施工质量，避免管道出现漏水等不良状况。

（二）管道位置不当

管道位置及坡度设置不当会出现路面大面积的排水不及时、倒灌或增加施工难度造成成本增加等现象，对施工质量造成巨大的影响。出现此种现象主要是由于设计不合理或施工前期的测量误差造成的，所以在设计过程中要充分考虑排水量对管道坡度的要求，合理设置管道坡度，坡度设置过小会影响排水速度，导致管道内积泥过多，造成管道堵塞；坡度设置过大会加大管道埋设深度，增加施工难度，从而造成施工成本增加。

（三）检查井的下沉和变形现象

出现检查井下沉和变形现象的主要原因是检查井的结构配置质量较差，检查井地基、垫层、筒体、内部爬梯安装、井盖等施工及材料质量都会影响排水系统的使用。因此，施工人员需要做好前期检查工作，在检查井地基检测合格后方可进行基层、垫层、筒体等上部结构施工，下层工序未经验收合格绝不进行下一道工序，各工序必须及时验收，以减少因结构层暴露时间而影响施工质量，从而保证检查井的整体质量，防止检查井下沉；在施工期内，井口和井室中心的相对位置至关重要，高度要根据实际现场情况合理制定，特殊情况应采取相应措施保证其受力均匀，防止检查井变形；井内爬梯位置要准确，井盖与井口的衔接紧密，砂浆要均匀饱满地填充，保证结构受力均匀合理。

（四）管道渗漏水

若道路排水管道有明显的漏水现象发生，不但会使得管道系统本身的正常应用将会受到严重影响，而且还会在很大程度上加剧管道附近建筑物的受侵蚀、破坏影响。最为突出的一点便是管道本身的材质和管道的渗水漏水情况存在着密切的相关性，一般而言，若管道本身的材质不合格或存在有重大的性能缺陷情况，则很有可能会导致管道本身发生裂缝、孔洞等情况，并进一步使得渗水漏水现象的出现。因而在开展相关的道路排水管道施工之前，必须要能够针对管材本身的质量水平与规格大小予以严格把控，只有做到这一点方可确保基底本身不出现沉降现象，同时能够有效避免管道在实际应用之后发生拉裂情况，而且还必须要确保管道连接位置能够始终保持良好的紧密性，相关的施工人员应当针对管道布设位置与地基之间采取必要的加固处理，以实现对管道渗水漏水问题的有效避免。

（五）管道安装错位

在开展排水管道施工作业时，经常会由于测量以及施工中发生缺陷问题，而使得管道发生错位状况，管道在出现错位之后便会造成十分严重的排水不畅，甚至倒坡情况。管道错位的关键因素是在管道设计的过程中，并未能够针对真实的施工场地开展严格的检验工作，由此所做出的设计方案往往就会忽略了实际的施工现场、真实的水文地质条件状况，并将会进一步对工程施工质量产生不利影响。

（六）管道平顺误差大

基于对道路配水管施工的具体现状来分析，管道基础平顺度之所以会出现较大的误差，很大程度上是受制于三方面的原因所共同决定的。①在进行管道基底人工支模时，模顶面标高和平顺度将会存在着较大的误差因素。在开展具体的施工作业时，以上情况将会对整体道路排水管道施工质量产生直接性的影响。②沟槽基底开挖标高控制难度过大。在采用机械设备进行沟槽基底挖掘作业时，对于沟槽底部的标高控制完全凭借操作人员的个人经验予以控制，而且为了加强施工质量，达到实际的施工标准要求，沟槽基底还应当再通过人工进一步加强处理。③在施工作业的过程中沟槽面往往坡度大、可操作的空间较为狭小，而且还会有大量的泥土落到沟槽中，导致磨板安装与混凝土表面施工质量受到严重影响。

综上所述，道路排水系统作为市政工程重要的构成部分，对城市排水系统及交通系统有极大的影响，为有效地保障道路排水系统运行的正常顺利，必须不断地改进和完善道路排水系统，以提高系统的运行质量及使用寿命，进而使城市道路交通运输得以顺畅运行，城市环境得到保障，市民生活不受影响。

四、道路排水管道施工前的准备事项

在道路排水管道施工之前做好准备工作，是推动施工有序进行的基础条件之一。所谓"预则立，不预则废"。在道路排水管道施工进程中，如果没有做好准备工作，在施工进程中就会因为细枝末节的问题导致施工混乱、滞缓等现象的发生。对于道路排水管道施工而言，其准备事项应至少包含以下内容。

（一）严谨的审核设计图纸

设计图纸作为施工的总导向，在施工初始阶段，认真会审、核对施工图纸，不仅能够帮助我们了解施工重点、难点，同时也能够在施工前期就及时发现设计图纸的细微问题，避免施工陷入误区。在设计图纸审核中，应该从路线设计、管线设计、预留预埋设计、物件碰撞设计等方面入手，根据设计情况全面了解设计图纸的整体内容。

（二）合理进行道路拆除

道路拆除是道路排水管道施工的前期工作，在拆除的过程中应该避免对路基质量产生不利影响。因此在道路拆除过程中，应该立足审核后的设计图纸，合理计算开口宽度，做好开挖线标注工作。此外，在挖掘机进行沥青面侧及路基渣层的挖掘工作时，应该保证路基的稳定砂层不受影响。最后在沟槽回填过程中，应该避免影响道路质量及使用功能。

（三）公共设施的保护

市政道理排水管道施工过程中，尤其是在后期的检修过程，在施工环节应该首先做好公共设施的保护工作，譬如对电缆线、给水管等公共设施的保护。如果需要进行道路拆除施工，则需要根据道路的土质情况从而采取必要的支撑防护措施，以此避免施工过程中出现塌方。

五、道路排水工程的施工要点

（一）准备阶段

在工程项目开始施工之前，首先要对施工图纸有一个全面的了解，对于图纸中所规定的排水系统的管道的长度和分布位置认真地进行分析；其次，在正式施工之前，对于施工现场要做好故障排查工作，根据排水系统管道的分布，对于可能影响到施工的因素都要提前进行处理，防止施工过程中发生意外；最后，施工前的测量放线工作也要做好，要保证测量的数据精确无误，为施工打造一个良好的基础。

在开展相关的道路排水管道施工作业前，相关的工程施工人员应当能够充分了解相关的工程施工图纸，合理控制施工管线长度与走向等有关施工影响要素，只有做到对各项前期施工准备工作的妥善落实方可确保排水管道工程施工的顺利开展，以及实现较好的施工质量水平，并能够最大限度地防止出现一些严重的问题情况。在这一方面也需要有关的设计人员能够提前做好对施工图纸的设计工作，全面、细致地权衡施工现场各项影响要素，做到和谐、统一的规划安排，尽可能提前防止排水管道移位、渗漏水等不良情况的发生。而且在开展施工作业前，还应当尽量保证施工现场交通便利，只有满足这一项条件方可确保工程施工过程中所需用到的各项材料能够得以及时被运输到施工现场，确保施工进度不受到影响。相关的工程施工人员也可充分结合以往的工作经验，针对在工程施工过程中有可能会出现的不利情况予以提前预防，如在排水管道施工过程中经常会发生的管线与道路交叉问题，这时相关的施工人员便应当对管道施工开展细致分析，保障施工进度不受到影响。对于各项施工过程中临时出现的问题，要在第一时间予以妥善处理，确保工程顺利进行。

（二）开挖沟槽

在整个开挖过程中，要将施工的进度控制在一个合理的速度，并且要定时检查沟槽的净空尺寸和中心位置，当使用机械开挖到距离标高还有 30 cm 左右时要改为人工开挖。在对沟槽进行开挖时，要充分地考虑到所开挖土质的不同所造成的不同力学性质，在边坡处要严格控制各项数据的精确性，进行科学合理的开挖，开挖所产生的土方应堆放在沟槽的两侧，避免出现塌方等事故。对于开挖在浅层滞水地段和比地下水位低地段的沟槽，要建造排水沟和集水井来避免沟槽的槽底出现泡水的情况。

土方施工在整个道路排数管道施工中也有着至关重要的作用价值，因而，土方开挖作业前，便要针对地下管道、电缆以及另外一些设施仔细探查，之后再和相关单位进行协商处理。在得到对方同意后，开展沟槽开挖。若施工现场的地下水位较高，抑或是施工季节降雨天气较多，便应当在施工现场做好相应的排水处理工作，要保证水位不超出工作面 2 m 以上，防止由于沟槽长时间积水而发生浮管情况。在开展现场施工时，相关的施工单位应当随时掌控天气情况，若沟槽底均为岩石，则需将沟槽开挖深度再加深 30 cm；若遭遇软土地基，需与有关部门协商处理，确保工程质量不受到影响。

沟槽开挖是道路排水管道施工的基础性工作。通常情况下，沟槽开挖与支护施工是同时进行的。因为在挖沟槽的过程中要用到轮胎式挖掘机、推土机等重型机械，同时其具有较大的工程量，所以在沟槽开挖过程中做好支护工作是保证施工安全的必要基础。值得注意的是，沟槽开挖技术的实施我们需要遵循以下工作秩序，首先是要探明地下情况，合理规划开挖路线；此外，对既有的设施如电缆、管道、建筑设施等还应该加以保护。在探索了解及掌握了施工现场的实际情况后，我们应该及时向相关管理单位进行报备，保证管理单位了解施工进度。据实际而言，沟槽开挖技术实施的技术要点主要包含以下内容：①注重施工现场的排水工作，尤其在雨水季节抑或地下水位较高的情况下，我们就需要进行排水工作。这样做的目的在于确保施工面与水位相差 2 m 以上，以避免沟槽积水而造成浮管现象的产生。②合理减少晾槽时间。据工作实际经验来讲，我们在进行道路排水管道施工中，应该保证其基槽的暴露时间最多不超过 3h，最好保持在 2h 以内。因为基槽暴露时间过长，那么很容易出现变形的问题，这样就会极大地影响施工质量。

（三）管道施工

对于要进入施工现场进行安装的管道要提前进行认真仔细的检查，淘汰掉存在裂缝或者孔眼漏洞的管道，还要检查所用的管道是否符合施工图纸设计的要求。在进行安装时，要做到以下几点：①管道之间的接口要顺平，管道的安装要与流水位相符，绝不能出现倒流水的情况，对于接口处出现的砂浆凸出的情况要及时处理，避免因为杂物堆积而造成水流的阻塞；②管道中存在的砂浆、碎石、泥土要及时清理，保证管道干净无杂物；③在管道的安装过程中，要严格控制管道露出井壁的长度，既不能过长也不能过短，要保持在一个合理的长度。

道路排水管道施工过程中，施工测量技术的有效运用具有至关重要的作用。科学合理的施工测量能够保证各个组件严丝合缝，从而提升施工质量，反之如果施工测量有误则又会"差之毫厘谬以千里"，因此在道路排水管道施工过程中，应该正确使用测量技术，保证测量结果的准确性与科学性。据实际而言，测量技术的实施要点主要在于减少误差。为了达到这样的要求：①要选择精度较高的仪器；②在自检自测的工序规定的精度要求的基础上将允许偏差精度在提高一半；③为了得到准确的测量值，还需要加强数据审核，并有专门的测量工程师进行复核。如此一来，才能够保证测量的准确性。

完成了对管道的挖掘作业后，还需对整体沟槽进一步予以夯实处理，之后再实施管道安装处理，并且在进行管道安全前要能够保障所用到的各项材料、设备等均已提前准备完成，人员也已到位。在针对模板位置、标高、强度开展检验工作，特别是要加强对接缝部位的平整度检验，以及确保管材在出厂时完全满足于相关的标准规范要求。在具体安装前，还应当对管道表面外观、质量予以仔细检验，实施管道铺设时要切忌将管道直接扔到沟槽底部，避免管材受损。

目前，道路排水管道施工中常用的施工技术大致有内拉法与外拉法两类。所谓内拉法，就是在已经安装的管道内假设一条斜梁，在需要安装的管道外设定一个横梁，然后利用钢丝绳与手拉葫芦将二者连接起来，在手拉葫芦的过程中安装管就会在摩擦力的反作用下逐渐向已安装管道拉近，如此就完成了两个管道的对接工作。据实际而言，实施内拉法的技术要点是，保证斜梁垂直长度略大于管道内径，以此增大二者的摩擦力。外拉法则是直接使用钢丝绳将已安装管与未安管的兜身连接起来，并利用手拉葫芦将两个管道拉近安装的方法。外拉法的技术要点主要有以下几方面：①在安装过程中应用重物压在已安装管道上，避免手拉过程出现轴线偏移问题；②在管道轴线方向预留 5 ~ 15 mm 的间隙，以此保证管道有效连接；③完成管道的安装工作后，可先回填至管道以上至一倍管径以上高度。如果，管道安装完成后没有及时回填，如果被水淹到，应及时对管中心线和管底高度进行复测和外观检查，一旦有位移、漂浮的现象出现，要及时做返工处理。

（四）检查井施工

在砌筑检查井之前，首先要将基础面清理干净，并测量和标注好所筑高度和位置，以便于施工人员进行施工。所砌筑的如果是圆形井，那么就要将检查井的圆度和半径校核准确；如果是方形井，要保证检查井的井壁相互垂直，井形方正。在施工中，还要保证井壁平滑，不能出现裂缝，并且在井内残留的砂浆、泥石要及时清理干净。

（五）管沟回填

管道安装好并且水压试验合格之后，得到项目经理批准后要及时进行管沟回填。管道回填大多数是人工进行回填的。回填之前要把盖板坐浆盖好，同时要通过测量保证标高准确，井墙和井筒周围可以在同一时间段进行回填。管沟回填前需要把槽中的杂物清除干净，而且槽内不可以有积水。回填土的含水量需要控制在其最佳含水量附近，差值一般不能超过40%。还土时按基底排水方向由高至低分层进行，管腔两侧也同时进行。工程完工后，迅速、仔细地复原所有施工地面，使之恢复施工前的状态。沟槽回填应在管道隐蔽工程验收合格后进行。凡具备回填条件，均应及时回填，防止管道暴露时间过长造成损失。回填土每层的压实遍数，应按回填土的要求压实度、采用的压实工具、回填土的虚铺厚度和含水量经现场试验确定。回填压实应逐层进行。管道两侧和管顶以上 50 cm 范围内的压实，一般采用轻夯夯实，管道两侧夯实面的高差不超过 30 cm，管顶 50 cm 以上回填时，分层整平和夯实，若使用重型压实机械压实或较重车辆在回填土上行使时，管道顶部以上必须有一定厚度的压实回填土，其厚度通常不小于 70 cm。

（六）做好闭水实验

闭水实验是排水工程重要的环节，不但能够检测不同种类的材料质量，还能够检验施工的质量。为了保证闭水实验的准确性，通常要进行 3 ～ 4 次实验，若是发现了管材接缝处或者是管材有渗漏问题，要在管材表面进行标记，等到水排出以后，找到渗漏部位，及时进行处理，若是渗漏的缝隙很小或者渗漏点较轻，可以使用水泥浆涂刷或者使用防水涂料。若是渗漏现象严重，就要替换渗漏的管材，使用质量合格的管材。

开展闭水试验，是对管道质量保证的最后一道工序，只有通过闭水试验，才能够真正发挥排水管道功能，满足质量标准的要求。在进行闭水试验之前，首先要检查管道的外观，能够确保没有沟槽积水、预留孔封堵、漏水等管道问题出现。在开展闭水试验的过程中，需要按照从上游到下游的方式进行，这样也可以实现对水资源的节约使用。另外，在试验中应该遵循分段试验的原则，并且按照具体的情况来确定分段的距离，确保每一个井都能实施闭水试验。

（七）道路工程排水管道日常养护

在道路工程排水管道建成之后，不可避免地会有一些通病发生，如管道堵塞、沉陷变形以及脱节等问题。因此必须要加强对于管道的日常养护。发生淤堵的地方主要是坡度小、水流慢，其他因素也有生活垃圾、树枝树叶等造成堵塞。在处理的过程中可以采用高压水力清通、机械清通或沟通机设备，在管理人员的日常工作中，应提高重视，定期进行道路排水系统的细致检查，对工作人员的专业技术也应进行培训和提高，提升自身的基本功。

市政排水管道工程质量的好坏与人民生活密切相关，关系着城市防洪及防止地下水或土壤被污染的生存问题；其使用功能是否完善直接涉及千家万户的切身利益，因此，市政排水管道工程施工质量的好坏成为社会关注的热点之一。另外，由于市政排水管道工程是隐蔽工程，维修起来比较麻烦，有的甚至是无法维修，并且维修费用较大，因此确保排水管道工程施工质量至关重要。

第四节　道路防水施工技术

系统化的运输交通体系促进着国民经济的快速发展，在现代社会道路桥梁的建设过程中，仍存在诸多问题。就防水路基面施工技术而言，引起道路桥梁路面病害的因素有很多，渗水影响较为普遍。施工建设部门应根据路面的损害情况，加强防水路基面施工技术的改进工作，进而提高道路桥梁的路面质量。

道路桥梁作为交通运输中重要的基础设施，其在改善人民群众的出行条件、缓解就业压力上发挥着重要的作用。道路桥梁工程中防水路基面施工质量直接影响道路桥梁使用寿命。随着科学技术的快速发展，道路桥梁施工企业面临诸多挑战，在应对诸多挑战的同时也迎来良好的发展机遇。因道路桥梁施工条件及工艺比较复杂，具体施工时防水路基面质量问题尤为突出，为有效解决防水路基面施工中出现的质量问题，需要加大先进技术与设备的应用，进而提升道路桥梁施工水平和施工质量。本节在深入分析道路桥梁施工中防水路基面受损产生原因，探析道路桥梁防水路基面施工技术应用对策，以期提高道路桥梁工程施工质量。

一、道路桥梁施工建设中防水路基面损害现状分析

（一）道路桥梁工程设计不符合标准要求

现代快速发展的社会体系，促进着建设行业的快速发展。经济的发展带动了交通运输业的生产效益的提高。交通建设的规模在不断地扩大，道路桥梁是交通系统的基本组成部分。目前，国内众多的道路桥梁工程施工建设缺少有效的合理性规范，没有按照国家制定的道路桥梁建设标准进行施工建设，不仅降低了道路桥梁的使用质量，而且也使道路桥梁存在着众多的安全隐患。防水路基面的损害，通常因为自然灾害与雨水侵害有关，防水路基面是路面维护的表层保护，表层保护在受到破坏后，进而会影响道路桥梁的整体安全性。

因此，从道路桥梁的整体使用安全性考虑，施工部门与管理部门应加强防水路基面施工的监督力度，合理规范生产施工过程，把损害降到最低。

进行道路桥梁工程建设时，设计中并未全面预测、分析工程中可能出现的问题，这是导致防水路基面受损的重要原因之一。进行设计过程中，如果一个细小的因素没有充分考虑在内，都有可能导致工程整体设计方案缺乏合理性，这种设计不科学也会使防水路基面在使用过程中出现一定的问题。道路桥梁路基面设计环节，因经验不足或不重视防水需求等，导致道路桥梁工程防水性能下降，促使道路桥梁路基面发生严重的渗漏现象。

（二）道路桥梁设计缺少严谨性

道路桥梁建设的首要工作是进行初步的设计规划。现阶段的工程设计工作也存在着很多的缺陷，这些缺陷发生在工程建设的初级阶段，会对项目施工造成较大的不利影响，这些缺陷主要包括设计缺少严谨性和不符合实际工程需求的设计思想与方式。一方面，设计部门的工程设计师缺少工程项目的实地考察，没有根据实际情况进行施工设计，较多的设计想法还会对防水路基面的施工工作造成一定的困难。另一方面，从影响道路桥梁路面的众多因素的方面考虑，不同叠加因素的影响也会带来一定的损害。因此，针对这种现象中造成的危害，施工建设企业应对施工过程与应用技术进行合理的规划安排，减少叠加因素造成的危害，设计部门应根据实际的道路防水路基面施工建设情况进行适当的改进。

（三）道路桥梁施工材质与技术

影响道路桥梁施工建设的另一个重要因素就是施工材料的选择与应用，不同的施工原材料的性能有较大的差异性，设计施工人员路面建设的实际需求，选取最符合实际的施工原材料。首先施工建设人员的选取原材料是应充分了解各种材料的基础性性能与生产应用的成本条件，减少应用的负面影响，相关工作人员在选取原材料时还应考虑材料的生产品质与复合国家标准规定等。此外，材料本身的破坏，也会影响防水路基面的施工建设，降低材质的使用年限，降低路面防水维护工作的水平。

在道路桥梁的施工过程中常出现偷工减料、以次充好的情况，这也是导致防水路基面受损的原因之一。部分施工单位在经济利益的驱使下，违背道路桥梁工程建设的职业道德与相关的法律准则，购买使用质量不达标的建筑材料，没有对施工材料的运行情况进行及时的检测与监控。施工单位并未重视防水路面的施工材料应具备一定防渗材料，导致防水路面失去其防水的功能，从而对道路桥梁建设整体功能带来不利的影响。

技术因素是确保道路桥梁良性运营的根本保障，也是工程建设重要支出费用的组成部分。为有效降低工程预算，部分施工单位选择一些施工经验有限、价格相对较低的技术单位，这些技术单位在施工设施与施工工程人员的配备上存在一定的不足，导致工程施工在不同路段之间质量存在差异性。因此，在道路桥梁运行过程中一旦出现外在应力，就会导致道路桥梁产生短板效应，而防水路面正常运行也受到严重的威胁。此外，在实际施工中部分单位违背防水路基面施工中有关的技术规范与标准，省略部分必要的技术环节，导致防水路基面建设过程中出现不牢固与不平整的现象，威胁防水路基面的安全运行。

二、道路桥梁施工建设中防水路基面施工技术改进措施

（一）合理规范工程设计

现阶段的经济与科学技术的发展，为新型桥梁防水路基面技术的发展提供了基础性的条件。防水路基面施工技术的设计理念应具有合理性与科学性，在该技术的改进应用中加入现代化的技术与思想，提升防水路基面技术的应用水平。施工技术的合理性主要涉及：工程设计目的合理性、工程设计方案合理性与以职业道德为基础的设计水平合理性三个方面。为了保证道路桥梁建设的整体质量水平符合使用标准与工程的预期效果，相关设计人员必须要考虑设计初级阶段的规范合理性，及时到施工现场收集必要的现场数据信息，会根据工程的实际需求改进设计施工计划。同时，可以引进国内外将先进的防水路基面建设技术，为道路桥梁的后续建设工作打下良好基础。

设计工作对于道路桥梁工程起着决定性的影响作用，为有效提高防水路基面的施工质量，可以选用社会信誉良好的施工单位进行防水路基面结构设计的主体工作，专业设计机构在图纸上的设计比个人设计科学性更高，更能突出防水路基面结构的设计要点。设计人员进行设计前，要深入施工现场展开调查，做好地质、水源等资料的勘察工作，全面规划重点防护路段。此外，也要保证防水路基面的排水系统与其他的道路运行系统能良性的共存运行，有效保障防水路基面的安全性能与功能性。

施工设计在防水路基面施工中占据着重要的作用，因此需要加强施工设计的科学性，进而有效保证道路施工防水效果。在道路施工前均需要进行防水施工设计，建设单位要求设计单位选用有相关工作经验的设计人员，同时设计人员的设计技术也应相当高，除此之外，设计人员在防水施工设计时应当根据道路施工的具体实际进行设计，应当亲身去到施工现场进行勘查与调查，根据所获得的工程实际信息进行施工设计，同时在设计时应当充分考虑影响道路施工防水路基面的各个因素，充分考虑到道路排水系统与周围水文条件及水利设施等因素，进而加强对这些因素的相互协调，有效保证设计的科学性。

（二）施工材料的选取与施工技术

道路桥梁建设施工企业应注重对于施工建设材料的选取工作，建立严格的监管制度规范原材料的选取工作。防水路基面技术在施工建设中需要利用优质防水性能的材料，为防水路基面技术发挥有效作用提供保障，同时，施工该企业在材料选取的过程中应进行多方面的考察，综合考虑不同材料制造企业的产品合格质量，优先选择信誉最佳的材料供货商。在选取材料后与企业应进行材料的科学检查，加以复查的配合，确保材料的合格性。

材料的使用对于防水路基面工程建筑质量产生重要的影响，道路桥梁施工材料选用时，要使用防水功能的材料，充分发挥防水路基面的防水功能。根据道路桥梁施工的现状与经验分析，在路基材料的选择上要注意以下几个方面的内容：①具备无缝防水功能；②具有

良好的弹性与拉伸强度；③具备一定的黏结力，当发生降雨以及地表产生污水的情况下，能够不与路基脱落。为使施工材料达到规范施工要求，应当在工程预算中有效融入路基材料的购买，规范路基材料的存放与使用流程。此外，道路桥梁工程施工过程中，必须依据本地的气候、地质等条件，挑选合理的防水材料，以此达到良好的防水效果，更重要的是这种材料成本投入比较少，能保证施工材料达到规范标准。

道路桥梁防水路基施工过程中包含多种不同的要素，根据施工阶段不同方面的要求，其技术指标也存在一定差异。因此，要针对上述内容制定相应的技术指标，确定最终选用的防水路基面技术，使用合理的特殊技术工艺。具体做法如下：①在混凝土路面拉毛工艺处理时，有效提升表面毛的粗糙度。可以借助机械设备把混凝土路基表面产生的浮浆进行有效清除；②已经进行拉毛处理的混凝土桥面禁止通行，特别注意承载砂浆与混凝土的车辆；③为有效提升防水层路基面平整度，应及时清除表面产生的垃圾与油污。

防水施工材料在整个防水工程中占据着重要的作用，其直接关系着防水的效果，因此需要合理选取防水路基面施工材料。在选取施工材料时一方面需要保证防水材料可以有效起到防水效果。首先，施工材料要具备较强的防水性能，能够预想的防止防水路基面不渗水。其次，施工材料应当具备较强的拉伸性及抗压强的能力，进而满足防水路基面施工的要求。最后，施工材料具备良好的黏结力，可以有效地吸附在各种基面上，且施工方便；另一方面，需要加强对施工材料选购的监管。应当选择具有良好信誉的材料供应商，施工单位要选派负责且具有材料质量鉴别能力的物资人员进行施工材料的选购，在选取材料时要严格按照相关标准进行，选购比较好的骨料种类，以保证施工材料的质量，加强对混凝土结构的管理，使其振捣合理，防止混凝土出现裂缝问题，同时采购材料完成后要加强对施工材料的保管，保证材料完好无损。

道路施工中防水路基面施工必须依照制定的规范进行，务必要把规范中相关内容按时按质执行，这样才能有效保证道路施工的质量。在施工时必须要关注以下几个问题：首先，道路工程防水路基面的混凝土在凝固的初期，必须要注重混凝土结构的拉毛处理，必要时可以用机械手进行辅助操作。操作人员在实际施工时需要小心地去除混凝土结构表面的浮浆，以此来提升混凝土表面的粗糙程度，主要目的是让混凝土的黏合性大幅提升。道路工程防水路基面的材料种类众多，施工人员需要根据材料的种类与粗糙程度的具体要求，有针对性地选取合适的施工技术来进行操作。其次，道路工程在施工时，做好拉毛处理的混凝土表面不允许任何运输车辆通过，但在实际施工的过程中因为许多原因必须要求一些车辆通过，这时为了保证道路工程的质量，就必须采取一些防水路基面施工技术来确保道路工程的质量，做好对应的防护措施，避免因车辆的通行导致道路工程质量的下降。再次，必须要重视防水层施工技术，要按照规定的步骤来施工，在施工之前要对施工场地进行详细全面以及科学认真的检查，必须要保证道桥工程路面的平整度，不存在坑洼现象，发现任何问题都必须第一时间解决，并要做好清洁工作。最后，道路工程首次做防水涂层时，务必要在对应的涂料之中混入适当的活性成分，保证首次喷涂完全干透之后再实施第二次喷涂，之后依次为第三次与第四次喷涂。防水层的工作在完成之后必须要在混凝土的表面铺装沥青，这样可以最大限度地保护混凝土路面，这时必须严禁车辆在道路工程路面上倒车、急刹车或打弯现象发生。

（三）加强道路桥梁施工过程管理

加强道路桥梁施工建设管理首先应建立科学的管理机制，严格规定施工人员的施工流程，促使防水路基面施工建设质量的提升。管理体系中还需要建立反馈监督体系，监督施工人员的工作作业质量，配合严格的管理机制加强防水路基面施工建设的规范性。道路桥梁施工建设具有复杂的工序流程，同时应用到众多的大型机械，因此，施工建设过程中的管理体系与监督机制发挥着重要的作用。

道路桥梁防水路基面的管理体系中包含工程施工的技术设备、施工人员与材料的系统化管理。基于此，先要加强对施工材料前期与施工过程中的有效处理，严格按照有关的质量标准开展施工材料的选购工作，对于不合格的施工材料坚决禁止进入施工场地。同时，应重视施工材料的存放工作，并对施工材料进行定期检测与维护。防水路基面施工过程中的技术管理与控制，应加强施工人员的思想教育工作，提升施工人员的安全生产与责任意识，此外，重视施工人员的技术培训，提升其专业技能水平和思想意识。针对施工设备方面，不仅要提高对施工设备的投资力度，也要加强设备的技术指导规范与正确操作，避免施工操作过程中的错误操作为防水路基面带来损害。

（四）施工环节卷材防水治理措施

柔性防水材料大致分成两类，即卷材类防水和涂料类防水。以下就卷材类防水技术处理做出概括性阐解。

1. 施工防水卷材的选择

防水卷材应满足以下要求：①由于面层普遍摊铺热沥青混凝土，因此防水卷材应具有较高的耐热性能，要求150℃时不流淌，并在热沥青混凝土摊铺时防水层不破坏；②防水层必须具有高温下碾压的不透水性，即耐穿刺；③防水卷材必须同时具有与水泥混凝土及沥青混凝土的较强亲和性，以保证沥青混凝土摊铺时路面及桥面结构稳定，防止防水层挪动，即耐滑动，不起泡或分层；④防水层必须有较好的低温柔性，在冬季能有效地遏制路面及桥面防水层产生裂缝；⑤防水卷材不受冻融循环影响；⑥耐疲劳，可吸收混凝土中微裂缝产生的应力而不破坏。

2. 粘接或焊接技术的处理

按照技术规范，两防水层的搭接宽度为10 cm，焊缝宽度不小于2.5 cm，粘接宽度为10CIYI，防水层如设计采用焊接时，其焊接温度和速度应根据材质由试验确定。如采用粘接时，尽量采用防水板厂家生产的专用胶，并根据厂家提供的技术说明，或请厂家派技术人员进行技术指导，胶水要求固结速度快，黏结强度高。防水层拼接处不能有气泡、褶皱，焊缝，不能有虚焊、漏焊。防水板拼接好后，必须经质检工程师检查其搭接处的焊接、粘接质量，检查合格后才能使用。洞身衬砌时防水层的连接部分，在下一循环施工前应保护好，不得弄脏和破损。防水层粘、焊接处的强度不得小于防水层的抗拉和抗剪强度。

（五）加强培训，吸收先进施工技术

在开展道路施工中主要是施工人员进行施工，施工人员在道路防水路基面施工中占据着重要的地位，因此需要加强对施工人员的培训，进而提升施工人员的施工技术及综合素质，为道路施工防水提供必要的保障。在对施工人员进行培训时应当首先定期进行防水路基面的基础知识及技能的培训，将较为先进的防水路基面施工技术吸收到施工团队中去，将国际上较为先进的技术理念引入施工中，进而有效提升施工人员对防水路基面的认识，不断打破传统防水路基面理念的束缚，为施工人员不断创新与改进施工技术及施工理念提供必要的条件，这样一来施工人员的思想及技能均会有一个较高的提升，同时加强对施工人员综合素质的提高，不断强化施工人员工作的积极性和责任心，进而全面提升施工人员的素质及施工技术，为建设出高水平、高质量的道路防水路基面提供有效的保障。

（六）道路桥梁的路面后期保护工作

防水路基面技术的应用是为了减少路面渗水对于道路桥梁的质量危害，不仅防水路基面的施工建设要有严格的规范，道路防水路基面还需要进行定期的后期维护工作。后期维护工作首先需要在路面防水层施工完成后，利用沥青混凝土进行全层保护。其次，在防水路基面的沥青混凝土铺装层还未进行铺设前应进行保护。与此同时，为了做好路面防水层的保护工作，工作人员应在喷涂桥面防水涂料时，利用执挡板遮住防撞墙等基本设施，在路面施工旁设立警示标志，保护路面在运行前不受到破坏。

在防水路基面施工顺利后，应进行有效的养护工作，这对于路基面的正常运行和使用寿命发挥着重要的作用。防水路基面的养护不仅能有效提升道路桥梁的使用寿命，也可以降低后期防水路面产生的维修费用。重视对道路桥梁的正常维护，否则在道路运行过程中，一些外在的因素对桥梁运行产生的影响会被无限放大，本来通过养护可以有效解决的问题，若缺乏必要的养护会使后期运行中维修成本明显增加。由此可知，防水路基面养护工作并不是可有可无，应当受到相关部门的重视和关注，施工企业也要加强对防水路基面运行状态的实时监测与分析，及时发现其中存在的安全隐患，并提出针对性的改进策略。

综上所述，防水路基面施工技术作为整体道路桥梁施工建设的重要组成部分，对道路桥梁的使用年限与维护工作有着重要的促进作用。防水路基面施工技术的有效应用，可以促进提高道路桥梁路面的整体质量，提升交通运输行业的生产效率。在应用防水路基面施工技术的过程中，相关技术人员应注重对路面的清洁工作与维护工作，使该技术得以有效的开展，为国内经济建设做出贡献。

第五章 道路桥梁施工技术

第一节 道路桥梁施工技术的不足

道路桥梁在我国交通基础建设中属于十分关键的组成部分，在道路交通建设中还需要有现代化科学技术、施工技术等予以支持，强化施工建设的效率也会让道路施工有多种安全质量保障，推进我国交通事业的现代化发展。由此道路桥梁施工技术有哪些使用不足，需要做哪些改进还需要做具体的研究。

在最近几年的发展过程中，我国道路桥梁建设技术正在不断提升，规模也相对较大，出现了立交桥、高架桥等大规模的施工项目，给城市交通运行贡献较多，这些桥梁建设也标志着整个城市的进步和发展，我国的桥梁道路建设使用了新的技术和材料，并且也推动着整个建筑事业向前发展。

社会在进步，道路桥梁的施工技术也在发生变化，不断地进步，在道路桥梁施工过程中有以下几种特点：首先道路桥梁建设结构出现变化，不断地扩大，这样就要求相应的专业性越来越高，所使用的工艺也越来越复杂化，专业施工设备要求增加，施工人员的技术水平要求相对较高；其次，项目建设涉及很多部门，这些部门的增加让工作之间紧密相连，彼此相互合作才可以进一步地增强施工的效果；最后，施工内容增加，每一种施工的精确度也提升，这就需要相关管理者要严格把好质量关。另外，建设地区的地形、气候等因素对施工技术的使用也可能产生直接的影响。

一、道路桥梁施工技术不足部分

（一）道路桥梁的施工技术难度增加

在当前的道路桥梁施工过程中，建筑施工难度不断提升，这主要是城市建设面积增加，各种类型的建筑林立，施工要保障人们的正常生活并且便利人们的后续交通路线，施工难度难以有效地控制。例如，一些地区本身地形相对复杂，有些施工技术无法运用，如山地河流居多，地势险峻陡峭，在道路施工中还有一些高墩桥梁给施工带来了较大的难度，短暂的工期内难以有效完成工作。部分城市在施工上缺少相应的政策、资金、技术支持，不能很好地完成要求较高的道路交通建设，这样势必对整个城市的发展也会产生负面影响。

（二）施工技术水平相对较低

施工技术在很大程度上决定了施工的质量，我国道路桥梁施工技术的问题主要表现在结构设计问题还有对钢筋的处理、桥墩的质量以及整个道路使用的寿命上，当前施工技术水平运用较低，施工质量偏差都是一些重点常见问题。如钢筋的处理、保护不到位、性能非常低或者强度不足等，造成钢筋的后期产生侵蚀现象。桥墩施工难度大，施工技术不足产生偏移现象，这样非常有可能给道路使用带去安全隐患。另外，由于施工材料的选择还有技术不匹配、使用不合理等问题造成了道路使用时间较短的问题。

（三）原材料使用存在问题

混凝土在道路施工建设中属于不可或缺的一种材料，更是道路桥梁建设的主体，在实际施工上混凝土使用存在最大的问题就是原材料使用问题，例如，一些单位的混凝土使用配比方式依然沿用过去的粗放式管理方法，在配比结构上也不是十分合理有效，混凝土的比例对于道路整体稳定性产生直接影响。另外，水泥、砂石的选择与道路的基本使用也不相同，在此过程中非常容易造成施工质量的偏差，若是材料使用不过关非常容易导致出现稳定的问题，还可能导致道路出现断裂的现象。原材料的使用方式一般是按照设计要求进行市场筛选，多数建设工地选择的是有名誉的厂商所生产的原材料并且在选择之后进行多方面的检验检测，减少由于原材料使用不佳产生的沉降问题和后续可能引发的问题。

（四）施工现场管理混乱问题

道路桥梁施工属于非常大的工程项目，其中需要专业性较高的人才，例如，设计阶段的人员、工程施工人员还有管理人员等，在工程现场管理中人员构成是比较复杂的，管理有一定的难度。在管理部门中，很多存在的问题都是彼此之间的沟通不畅通，出现了理解不同问题，意见的分歧，最终导致施工技能不能发挥极致。很多人员并未经过专业性的学习和培训，不能很好地对现场或者施工图纸进行把握，施工中可能产生偏差性的问题，施工管理者未从全局出发去考虑，施工人员管理经验不足，缺少人员工作计划和相应的分配，职责不清晰，追责难度大，由此导致出现现场管理存在疏漏，对整个建筑工程造成非常大的影响。

二、道路桥梁施工技术不足的改进措施

（一）做好准备和技术交底工作

道路桥梁建设在施工准备阶段就需要做好严格的图纸设计和审核工作，图纸是进行一切施工的基础，那么在施工之前就需要对图纸进行全面的审核，汇集多个部门的人员共同研究，若是存在哪些缺陷就做好修改和调整的工作。审核图纸时，不仅仅要对相关项目的规格做出检查并且还需要了解数据信息的完整性和准确性，让检查的设计方案与实际相符合，检查方案是施工技术合理运用的前提基础。对此就需要给施工人员做好技术培训工作，规范每一种施工技术的具体操作和使用，避免由于人为因素造成施工难度问题。技术交底也是对每一个部门工作进行完善的一个流程，只有这样才可以更好地强化与改善道路施工情况。

（二）使用现代化信息技术优化施工

现代化技术的使用十分必要，建筑信息模型（BIM）的运用可以规划设计控制管理、建筑设计控制管理、招投标控制管理、造价控制、质量控制、进度控制、合同管理、物资管理、施工模拟等全流程智能控制，从而提高工作效率，增加经济效益。在施工阶段，各个管理岗位、各个工序、工种的协同工作，可以提高管理工作效率。对此施工人员可以选择使用REVIT建模技术对道路施工和桥梁结构做好优化，进行技术分析等，按照BIM技术大数据的统计结果完善优化施工方案，减少和降低可能发生的一些额外成本，一方面增强了经济效益，另一方面能够减少传统技术带来的施工隐患问题。另外，通过网络信息技术可以在技术管理上得到强化，信息网络技术能够记录施工前后的详细信息数据，这些都成为建设者和设计者的主要参考依据，也成为施工技术管理的有效条件。仿真技术的运用可以更好地完善方案，优化施工和管理，准确地发现施工技术使用时可能存在的问题并且对已有的施工技术方案做优化。

（三）优化混凝土配比和使用

混凝土是构成道路桥梁施工最为重要的部分，其中配比影响较大，若是配比粗放可能直接造成道路桥梁不稳定现象的产生。混凝土配合比设计必须要考量道路桥梁的承重要求，在施工标准之内做好相应的设计，另外对耐久性进行分析，整个工程的资金使用也是配比要考量的要素。要按照工程实际性质制定一个浇筑标准，按照地形的变化等做好调整和浮动，培养专门的混凝土配比人员，强化配比专业性。

（四）强化施工现场管理

施工现场的管理是做好施工的前提，那么在后续的管理上可以进行全过程的管理，制定相对合理完善的管理制度，做好事前、事中还有事后的各项分析，争取能够对每一个部门都进行管理，各司其职，遇到问题可以直接问责，不会产生相互推诿事件；在管理中规范设备的操作，技术的培训以及材料的选购等让道路桥梁的施工质量有所保证。

综上所述，本节对道路桥梁施工技术的不足及改进措施进行了分析和研究，道路桥梁技术的不足主要体现在施工难度、技术、混凝土配比和管理上，因此要有针对性地加以改变才可以更好地提升工程质量。

第二节　道路桥梁施工问题

近年来，我国对于道路桥梁工程的要求越来越高，并且不同的施工队伍间存在差异，并且由于我国道路桥梁的建设工程相对起步较晚，导致其施工工程都存在着一定的不足和缺陷，本节简要分析了我国道路桥梁建设中所常见的问题，并且针对这些问题给出了相应的解决措施。

一、道路桥梁施工中存在的问题

材料不合格问题。社会的发展和科技的进步促进了社会主义市场经济的发展，与此同时也出现了许多问题。一些施工单位为了追求经济效益，使用劣质的施工材料，对施工质量不管不顾，严重损害了道路的施工质量，也对整个道路桥梁施工过程造成了威胁。

原材料的浪费问题。道路桥梁的建设大多是在露天环境下进行的，材料没有正规的仓库进行存储，堆放凌乱，材料的品质很容易受到外界因素的影响而造成浪费。此外，由于各部门之间没有进行协调，许多方面没有达到一致，导致了施工过程中生产材料与管理工作的矛盾，使材料与需求失调，由此造成施工过程中原材料的浪费，降低了生产效率。

管理制度落后。现在，道路桥梁施工单位在安全管理制度、人事管理制度等方面还存在不足，没有办法提升道路工程的施工质量。首先，施工单位对人事管理的效率低，没有奖罚分明的政策，公司职员的福利和晋升没有相应的保障，除此之外，道路桥梁工程中的分包现象严重，分包现象使施工过程中的施工范围难以确定，也使得施工单位不能明确自己的责任。若整个工程中出现质量问题或其他问题，各分包单位会将责任互相推卸，以至于道路工程质量、施工进度受到严重影响。其次，不少施工单位内部以亲疏关系论人员提拔，极大地削弱了员工工作的积极性，给管理工作带来一定困难。

工程管理理念重视程度不高。施工单位不能充分地意识到道路与桥梁工程施工管理的重要性，对道路工程施工管理的理念认识较浅。因此，施工单位的管理制度不完全，造成施工过程中管理不到位、管理混乱、管理差甚至出现不管理的乱象。尽管有的施工单位具有管理部门，但是有的只是摆设，它们没有认识到管理的重要性，没有对施工工程进行一定的管理和监督，管理的执行力度不够，使道路工程的管理没有做到实质性的工作，徒有管理的名声，但是没有起到一个管理部门应起的作用。

施工管理秩序混乱。道路桥梁工程施工时良好的管理秩序对道路工程施工管理的意义十分重要，部分施工单位的做法与施工工程的安全有效进行是相互违背的，例如在施工设备和管理措施方面都很少优化甚至有部分施工单位在没有获得施工许可证的情况下进入施工场地开始施工，且道路工程施工管理队伍中大多数管理者的文化水平和综合素质有待提升，不重视管理过程中的施工管理规范。

二、道路桥梁施工问题的改进措施

对施工过程进行严格管理。首先，在进行道路桥梁施工的过程中，一定要抓好各材料的级配、规格及配合比，确保该层有效宽度内的压实度和平整度。抓好松铺厚度，当处于最佳含水量的碾压过程中时，要极可能地减少基层成型，初压完毕后再进行人工的整修工作，需要注意的是，对于边缘立模处的压实度要切实加强，如果有部分由于特殊原因而不能碾压到位，应采用振动夯和工人锤，对其进行分层夯实，从而保证结构层的良好质量，当完成基层的施工后，要对其进行护养，也可以通过喷洒沥青乳液来对其进行保护。如果不能保证施工现场封闭交通，要严格禁止重型车辆通行，并且严格控制其车速处于 20 km/h 以下。与此同时，还要保护基层避免被其他交通设施损坏。如果车槽出现松散现象，要使用同种材料对其进行压实和修补，并且严格禁止使用松散的粒料对其进行填补。

对于沥青路面的施工质量，也受沥青混合料的配合比以及主要材料质量的影响，如果配合比不合理，油石比较大，就会在已铺筑路面产生泛油和拥包；如果油石比较小，会导致路面较为松散；如果沥青混合料没有拌和均匀，有可能导致设备出现意外状况。当料温较低或者刚开炉时，如果水量过大，会导致料温不均匀。如果筛分系统发生故障，会导致骨料级配变化，等等。上述原因都会给路面的密实度和平整度造成不利影响，必须对施工过程进行严格的控制和管理。

完善过程控制如下：

（1）施工工艺。在进行施工的过程中施工人员一定要严格地按照相关的图纸以及规范章程进行施工，选用的施工工艺一定要符合道路桥梁工程，才可以保证施工的质量。

（2）工序交接。在进行工程施工的阶段一定要组织人员对工程进行不定期的自检，如果自检合格那么就将其上报给监理部门，这时监理部门就会组织相关人员进行质量检查，在质检通过以后才能进行后续的施工工序，对于具有一定难度而且采用新型技术的工程，在进行质量检查时一定要保证相关人员悉数到场。

（3）工程量的变更。如果在施工过程中不得不进行道路的变更，那么一定要以书面的形式上交给监理部门，然后交给建设单位进行审核，审核通过后在进行后续的变更。

（4）处理质量问题。制定一种应急方案，在发生质量问题时一定要以最快的速度进行问题的解决，防止影响工程进度，事后要对出现这种事故的原因进行分析，防止类似事故再次发生。

严格监控道路桥梁的施工过程。对道路桥梁施工过程进行严格监控，是保证其施工质量的重要措施，因此，一定要在单位内部建立专门的监督管理部门。严格筛选部门中的工作人员，确保其自身的专业水平和综合素质都较高，并且还要熟悉道路桥梁施工的各项标准和规定，只有这样才能及时发现可能出现的问题，并且及时采取有效措施。对于企业中先进的个人要给予适当的奖励，并且在企业内确定优秀的施工质量管理模范。在这个基础上，建筑企业要鼓励员工在加强施工质量管理的基础上开展各项活动，从而完善企业质量监控体系，提升企业施工管理能力。

总而言之，在具体的道路桥梁施工过程中要不断通过新材料、新技术以及新工艺来提升施工质量，强化对施工人员的教育培训，提高其工作水平，严格遵循相关标准和要求进行施工，防止出现安全事故，从而保证整个工程的施工顺利为提升道路桥梁的施工质量奠定基础。

第三节　道路桥梁施工技术控制

　　道路桥梁施工受到外界影响因素、技术应用细节、辅助工作不力等问题的制约和限制，会出现道路桥梁的裂缝和质量问题，导致道路桥梁施工的低质量、高成本和低效率。研究从道路桥梁施工技术应用的问题分析入手，提供控制道路桥梁施工技术的措施，为道路桥梁施工技术的科学化、系统化控制和管理提供了借鉴。

　　道路桥梁施工技术的实施必须进行科学、系统、严格的控制，避免因道路桥梁施工技术应用中出现威胁、隐患和问题，确保道路桥梁施工的进程，保障道路桥梁施工的安全与效率。应该从道路桥梁施工技术的实际应用出发，以道路桥梁施工出现的各类问题为切入点，研讨问题和技术、隐患和实施之间深层次的关系，确保道路桥梁施工技术顺利开展，稳定技术的施工效果与质量，强化道路桥梁的建设进程，形成全面而稳定的道路桥梁施工技术控制体系，打造道路桥梁施工技术应用、管理的新机制。

一、道路桥梁施工技术应用存在的问题

　　受到道路桥梁施工环境、技术应用的内外因素影响，道路桥梁施工技术很难全面而稳定地发挥，这会形成技术和细节方面造成道路桥梁施工的隐患和问题，具有代表性的隐患和问题有以下几方面。

　　道路桥梁裂缝。道路桥梁施工进行的钢结构和混凝土项目容易产生裂缝病害，除了影响道路桥梁施工质量，还会造成道路桥梁外观结构缺憾，甚至给道路桥梁的荷载和长期运行带来影响。造成道路桥梁裂缝的主要原因是技术的应用不全面、不认真和不系统，例如，道路桥梁施工的混凝土原材料出现标号过高或过低的问题，出现混凝土结构温度裂缝、结构裂缝和干缩裂缝等现象；水泥储存方式不正确、存放时间过长、杂质含量过高会造成道路桥梁混凝土结构强度不足，在施工中和后期使用中可能会产生裂缝趋势。在混凝土配比、拌和、浇筑、振捣和养护过程中易出现技术应用不规范、不严谨，这将会导致混凝土结构开裂趋势，引发道路桥梁裂缝。在钢结构施工中，钢材质量、焊接材料技术参数、焊接过程、温度控制等方面存在不严谨、不全面的缺点，导致钢结构焊接、铆接过程中难于形成连续的整体，出现奥氏体过大、连接部位脆弱等问题，进而引发道路桥梁裂缝的趋势增大。

　　道路桥梁表面质量问题。表面质量是道路桥梁内部结构质量的重要反应，也是道路桥梁施工质量的参考标准，常见的道路桥梁表面质量有麻面、气泡和蜂窝等现象，这不仅直接影响道路桥梁的外观，而且会缩短道路桥梁的使用寿命。究其原因，道路桥梁表面质量问题主要是由于工艺和技术应用不规范、不系统等原因造成的。例如，道路桥梁混凝土模具出现表面粗糙、脱模剂涂抹不均匀、脱模过程外力过大等缺陷，这将会导致道路桥梁表

面的混凝土外层出现麻面和蜂窝，直接影响道路桥梁施工的品质。在混凝土浇筑中，混凝土出现离析、钢筋密集、振捣不足等问题，这会形成混凝土内部气泡而难于排出或排出的气泡浮于结构表面，形成内外结构中的气泡，将会影响混凝土结构的强度，为混凝土内部碳化问题的产生形成了通道，在高强度行车、季节更替和长时间使用的情况下容易发展成道路桥梁的病害。

二、控制道路桥梁施工技术的主要对策

严格控制道路桥梁施工的误差。道路桥梁施工中误差是客观的基础性存在，也是不完全消除的可能，而道路桥梁施工误差可以通过严格的技术应用和技术检验加以控制。在道路桥梁施工技术应用中要明确各个过程、各个分项技术的误差控制功能，对道路桥梁每个部件、每项构建都进行全面的检测，重点管控变形量、应力值等重要参数，达到对误差参数的有效控制。

加强道路桥梁施工技术的管理。技术管理需要讲求体系性和科学性，必须在道路桥梁施工技术运用前建立管理道路桥梁施工技术的体系和机制，以可靠的道路桥梁施工技术管理，确保道路桥梁施工质量和进程目标的实现。要在道路桥梁施工队伍的内部构建技术控制和管理组织体系，主要负责道路桥梁施工材料选择、技术应用等关键过程，形成技术对道路桥梁施工的全面覆盖。要针对道路桥梁施工人员复杂的特点，展开施工技术的培训，使道路桥梁施工技术的要领得到全面执行，提升道路桥梁施工技术应用的准确性和完整性，做到对病害的控制和预防。要针对道路桥梁施工的客观实际进行技术强化，控制偷工减料、应付了事等常见的问题和现象，打造道路桥梁施工质量的基础。

加强道路桥梁施工技术的过程控制。道路桥梁施工技术的控制要放在工程的阶段划分和工程细节上，要注重工程各个阶段的技术控制落实在重点项目之中，在道路桥梁工程开始阶段，应该将此阶段的工作重点放在图纸的技术审核工作和施工现场的技术勘察工作之中，采用科学合理的手段进行各种数据的测量和测定，确保工程实施准备工作的技术完整性和精确性。这些工作都要严格按照操作流程和管理体系的要求进行质量控制，一定要保证每个环节都不能有疏漏，这个过程在整个质量控制中起着主导作用，一旦这个环节有问题，下面的环节做得再好也没有意义，道路桥梁施工技术的质量控制是一个复杂而庞大的工程，其是一个环节连着一个环节的，所以，道路桥梁施工技术的质量控制各个环节都很重要，我们要对道路桥梁施工技术的质量控制的每个环节都要严格控制，加强管理，只有这样，才能将道路桥梁施工技术的质量控制做得更好、发展得更快。

道路桥梁施工技术的控制需要讲求实效性和科学性，要主动地将控制道路桥梁施工技术的思想融入实际施工实践中，形成道路桥梁施工技术的主动干预和先期控制的体系，及时发现道路桥梁施工技术运用的隐患和问题，建立强化道路桥梁施工技术应用控制的基础系统，将道路桥梁施工技术的实施进一步系统化和规范化，在质量、管理和组织层面上搭

建有利于道路桥梁工程全面应用施工技术的新模式。

第四节　道路桥梁施工及优化管理

道路桥梁工程是交通的主要组成部分之一，桥梁工程的施工质量会对交通甚至整个社会的经济发展产生影响。本文对道路桥梁的施工要点进行分析，总结了道路桥梁施工管理中存在的问题，并提出改进措施，以供参考。

道路桥梁在交通和经济社会发展中发挥着举足轻重的作用，因此，道路桥梁的施工质量与经济发展有密切的联系。随着我国对道路桥梁施工技术的重视，其施工质量得到了很大的提高，但是在实际应用中还是存在很多问题，需要进一步改善和优化。要提高道路桥梁施工质量，相关部门和技术人员必须了解施工的实际情况，制定合理的施工方案，保证施工流程的规范性，不断促进施工技术的优化，加强对道路桥梁施工技术的管理，保证施工技术优化的合理性和可行性，从而提高桥梁施工的整体质量，同时，促进我国社会经济的发展进步。

一、道路桥梁施工要点分析

道路桥梁施工要进行不断的优化和落实，在提高施工速度的情况下，保证施工的规范性，保障道路桥梁的施工质量和安全性。

钢筋施工。道路桥梁施工中，对钢筋施工技术有很高的要求：（1）要选择质量过关的原材料，选购前，要进行市场调查，材料进场时，要进行严格的质量检测，保证选用的钢筋质量过关；（2）钢筋的绑扎要按照相应的标准实施，从而保证钢筋的牢固，且不会对后续施工造成影响；（3）要做好焊接与接头部位的处理，保证钢筋构架的牢固；（4）做好防锈措施，从而保护钢筋，同时，避免钢筋在施工时和后期使用中出现腐蚀情况。

混凝土施工。混凝土技术在桥梁施工技术中占据重要的地位：（1）要根据工程需要和地面情况选择合适的原材料，做好施工配合比设计，在施工过程中，严把材料准入关，若原材料质量不过关，禁止投入使用；（2）在混合料的搅拌过程中，要注意水质和配比等，以保证混凝土材料的各项性能；（3）设置模板时，要注意保证模板位置、模板强度、模板刚度均符合施工要求，处理好模板的连接，避免泥浆的渗漏；（4）在施工过程中，要按照规定流程进行施工，以保证混凝土施工质量，还要注意成品混凝土的后期养护。

桥墩施工。桥墩是桥梁的主要受力结构之一，桥墩的施工技术对桥梁的整体质量有很大的影响。施工前，要评估施工现场的实际情况，做好地质和环境的勘察，了解施工现场的具体情况，制定针对性的施工方案，选择合适的技术，尽量避免对桥下交通的影响。

桥面施工。进行桥面施工时，要根据桥面的实际情况，制定施工方案，确定施工周期，然后，严格按照施工方案和技术要求进行铺设。需要注意的是，施工中要做好桥面排水设计，避免雨天出现积水影响桥面的质量；同时，要保证桥面的密实程度，避免雨水渗透到桥面结构，影响桥面的使用寿命。

过渡路段施工。路桥过渡段的施工质量也对道路桥梁整体质量有很大的影响，在施工过程中，需要注意以下方面：（1）重视对不良地基的施工处理，分析施工环境、地质情况等因素，保证过渡段回填土的密实度；（2）注意搭板施工，避免出现"桥头跳车"的情况，还要注意做好过渡路段的防水及排水工作。

二、道路桥梁施工管理中存在的问题

管理人员没有明确的职责。要保证道路桥梁工程的施工质量以及施工进程不受影响，应制定更加完善的管理制度，由于我国很多施工企业对管理制度不够重视，因此，没有制定科学的管理机制，对各个部门缺乏有效的管理，一些企业虽然设置了管理机构，但是没有将工作责任明确到个人，导致施工中责任不明，在实际的工作中出现相互推卸责任，不能合力完成管理工作的现象，最终影响施工质量和施工进度。

施工现场管理无法达到标准。对施工现场的管理是重要的管理内容，目前，我国现场管理力度存在很大的欠缺，主要原因是现场管理中缺乏有效的管理机制，没有规范的管理流程，导致施工现场的检查工作无法满足要求，施工质量和现场的安全管理都缺乏规范性和合理性，极易导致现场施工中出现工程质量缺陷，不仅会影响施工质量，还会延误施工进度，增加施工成本。

施工技术管理机制不够完善。我国一些施工企业没有对施工现场的实际情况进行调查研究，盲目采用其他工程项目中的成功的技术和管理措施，导致施工方法不适用，制定的管理制度不合理，无法对工程进度和施工现场做到有效的管理和监督，因此，会影响工程的施工进度和质量，也给施工结束埋下严重的安全隐患。

三、道路桥梁施工技术优化管理对策分析

为了保证桥梁工程的施工质量，可以采取以下措施：（1）在项目策划阶段制定有效的施工和技术标准，建立管理机制，建立专业团队建设。项目实施阶段，应结合实施性总体施工组织设计，提出经济、合理、安全可行的施工技术方案，详细地对施工现场情况进行调查和分析。（2）建立技术管理团队，施工管理工作人员不能推卸责任，要重视自身的价值和作用，选择专业能力强，管理经验丰富的工作人员，建立有效的管理机构，从而实施对施工现场的管理。（3）进行施工技术资料的管理。道路桥梁施工的工程细节，都有大量的资料，这是对施工实际情况的反映，也是对成功经验的总结，要做好施工资料的收集和归纳，制定施工资料的管理制度，更好地实施资料收集。

道路桥梁施工要在几个方面做好技术的优化：（1）要因地制宜。建筑材料可以就地取

材，通过改良投入施工应用，不同施工条件下选择合适的机械设备。（2）施工方案应经济适用。不同方案的经济实用性要作为技术应用的主要评估标准，如模板的分块、梁板架设、路线方案制定等内容，都要注重经济实用性。（3）安全性和环保性。随着我国对环境的重视，在不同项目的施工建设中，应重视建筑材料的环保性，保证施工材料和施工技术质量合格的同时，减少对自然环境的污染。

随着我国对道路桥梁施工技术的重视，施工质量得到了很大的提高，但是在实际应用中还是存在很多问题，需要进一步改善和优化。要提高桥梁施工技术的科学合理性，相关部门和技术人员必须要了解施工的实际情况，制定合理的施工方案，促进施工流程的规范性，优化施工技术。道路桥梁的质量和安全性都是重要的指标，目前，我国桥梁施工中还存在很多施工问题和安全隐患，施工技术的不完善和不成熟也是造成施工质量出现问题的主要因素之一。因此，要不断加强对道路桥梁施工技术的研究，完善施工技术，进行施工技术的创新，促进我国交通事业与经济社会的共同繁荣发展。

第五节　道路桥梁的施工及处理

道路桥梁是交通行业的重要组成部分之一，其发展也对交通行业的发展起着十分重要的影响。我国道路桥梁的建设工程项目越来越多，因此做好工程施工的安全和质量管控显得尤为重要。本文分析了道路桥梁工程质量的影响因素，并对道路桥梁工程施工中的质量安全管控方法和处理措施进行了相应的阐述。

道路桥梁工程作为交通行业建设的重要组成部分之一，其工程施工的质量和安全对人们的生命财产安全、社会的进步发展和施工单位的发展都起着十分关键的作用。本文介绍了桥梁施工中的常见问题以及陕西汉中地区桥梁施工中可能存在的某些问题，并提出了相应的处理措施，对于道路桥梁施工中可能存在的问题进行预防和处理，从而保证工程施工的质量和安全。

一、道路桥梁施工质量的影响因素

施工人员素质参差不齐。桥梁工程的施工周期较长、施工建设内容多且施工工艺比较复杂，施工人员的技术水平对于工程施工的质量有着较为重要的影响。如果施工人员的专业技术水平不够，无法读懂最基本的设计资料和施工图纸，就无法在施工中准确地进行施工作业，对于设计资料和施工图纸中可能存在的错误更是无法及时发现，这必然会导致工程施工质量得不到保障。在道路桥梁的实际施工中，确实普遍存在着相关施工人员的综合素质和专业技术水平不高的情况，还有一些工作人员的责任心不高，消极怠工，严重阻碍着施工的进度，影响着施工工程的质量和安全。

施工材料质量不符合标准。施工材料是工程建设的重要组成部分之一，对于道路桥梁工程的施工质量同样有着极为重要的影响。现实情况中，有一部分的施工企业和单位过度追求利益，有时为了获取高额的利润，而选用价格较低且质量不符合相关标准规定的施工材料进行项目建设，甚至在施工过程中偷工减料，从而使得桥梁施工的质量无法得到保障。

地质条件考虑不充足。陕西汉中属于秦岭以南，气候湿润，降水较多，从整体情况来看，地面沉陷和不均匀沉降的现象较为常见，往往会导致道路桥梁"桥头跳车"问题的出现，对于道路路桥的安全带来极大的隐患。在进行道路桥梁施工时，相关的工程设计人员对于桥梁建设地区的地理环境和气候条件往往考虑不周，对于路基的处理方法选择不当，或者地基处理不当，从而对后续桥梁施工的质量产生较为严重的影响。

二、道路桥梁施工问题的处理方法

对施工材料和施工设备要把好质量关。道路桥梁工程中使用的设备和材料的使用对工程的质量影响较大，因此要严格把控好道路桥梁施工中施工设备和材料的质量关。对于进入施工现场的施工材料和施工设备要进行严格的管控，对于市面上的各种各样的产品，进行材料和设备的采购时，要进行严格筛查和控制，对于材料设备的采购人员，要做好监督的工作，将责任落实到个人，从而防止以次充好现象的发生。只有将施工材料和施工设备的采购工作控制好，才能使整个道路桥梁的施工质量得到保障，避免出现停工或者返工的问题，从而做到既保证了施工企业的经济效益，又保证了工程建设施工的质量和安全。

推行全面的质量控制制度。工程施工单位应该推行全面的管理制度，首先要建立质量管理的组织机构，一般将项目经理与项目总工作为工程施工的第一责任人，同时要不断加强全体工作人员的学习培训，不断提高工作人员的工作责任心和质量意识，通过提高全体建设人员的责任心和质量意识，提高道路桥梁工程的质量和安全，同时，企业单位可以推行全体工作人员岗位责任制，明确全体工作人员的具体权利、义务和责任等，明确每位工作人员需要保证的工程质量。组织工作人员进行道路桥梁施工相关方面的学习，加强全体工作人员的综合素质和专业技术水平，对于施工中的特殊工种，必须要持证上岗，同时在进入施工现场前应进行相应的培训和考核，从而保证施工人员的技术水平符合施工建设的要求，从而保证道路桥梁工程的施工安全和施工质量。此外，道路桥梁项目的整个施工过程，都应该在相关监理人员的监督检查、指导确认下进行，避免停工和返工现象的出现，使工程施工的安全和质量得到有效保证。

道路桥梁承担着行人车辆出行和货物运输等方面的责任，其工程建设的质量关系到人们生命财产安全和社会发展的方方面面，所以对于道路桥梁施工质量的管理和控制显得尤为重要，相关工作人员应做好各自的工作，同时不断加强学习，提高自身的专业技术水平，从而有效保证道路桥梁工程的施工质量和安全。

第六节　道路桥梁施工技术质量

随着我国市场经济与城市化进程的不断推进和发展，我国道路建设也随之快速发展。道路桥梁作为道路交通建设的重要组成部分，其技术质量问题直接影响着道路的交通运输作用。本节简要分析了道路桥梁施工控制的必要性，主要分析了当前我国道路桥梁施工技术质量存在的问题，并提出了加强道路桥梁施工技术质量的有效措施。

随着经济的快速发展，我国的交通运输业也随之快速发展，并取得了良好的成果。道路桥梁作为道路建设的基础设施，是交通建设的重要组成部分，因此，道路桥梁的施工技术质量是各个部门都应高度重视的。做好每一个建设环节，确保整个建设施工项目的工程质量，进而确保交通建设，保障交通运输的安全与畅通，从而推进我国社会、经济的快速发展。

一、道路桥梁施工质量控制的必要性

道路桥梁的建设施工涉及了对项目管理、技术、经济等各方面因素，其建设施工的要求相对较高，具有较高的风险性。同时，道路桥梁建设耗时长，施工环境复杂、多变，影响因素众多，且施工系统本身具有的复杂性，从而对手工技术的质量要求较高。因此，对道路桥梁施工技术质量进行严格控制，有效地保障道路建设工程的施工质量，从而有效地减少交通安全风险，降低经济损失。

二、我国道路桥梁施工技术质量的问题分析

（一）施工技术的不足

近年来，随着道路建设事业的不断发展，道路桥梁的结构要求越来越高，施工工艺的复杂程度节节上升，需要采用相应的施工设备来辅助完成。有的建设单位过于注重经济效益，在设备的引进方面不够重视，导致道路桥梁的施工阶段其施工工艺与采用设备不相符，从而直接影响了整个工程的进度与质量。

同时，我国道路桥梁的施工技术相较于国外是比较落后的，有的施工单位缺乏创新意识，在施工技术方面缺乏主动学习，施工技术得不到及时的更新，从而影响了整个施工工程。

（二）施工质量参差不齐

道路桥梁建设工程的规模大，耗时长，在建设过程中，建设的项目、工序繁多、复杂，其工程的质量直接受其施工方案、工艺、技术、材料、设备以及施工人员素质等方面因素的影响。

我国的道路桥梁施工过程中，由于技术层面的缺失，在项目的方案设计方面不成熟；采用的施工工艺与技术的落后性；施工单位出于对经济利益的把控，在施工材料与设备的购买方面投资不足，或是采购一些质量不达标或与施工标准不相符的材料与设备；同时，由于农民工组成的施工队伍，在其素质与技能方面的偏差，在施工过程中工作态度不严谨。这些方面的因素问题，都直接影响了道路桥梁的建设施工质量，导致我国道路桥梁的施工质量不达标，从而直接影响整个道路交通建设。

（三）施工检测机制的缺失

在我国的道路桥梁建设施工过程中，许多建设单位在施工检测机制这一方面都有着严重的缺失，造成监督机制不完善，检测方法不全面，形式主义现象严重，并且在对工程建设中各个项目之间的衔接方面其工程操作检测不全面、不合格，工程质量得不到有效的保障，从而直接影响了整个工程的施工质量。

三、加强道路桥梁施工技术质量的有效措施

（一）建立健全工程管理体系

一套完善的工程管理体系，是工程保质、保量建设完成的重要基础保障。因此，作为工程管理者，在施工过程中要明确各个部门的职责，合理地调节施工技术部门与工程责任部门的关系，进而严格控制施工过程，明确责任分工，做好控制道路桥梁施工质量的管理工作。

同时，加强对施工成本的控制，明确各个施工环节的工程预算，做好各个环节实用资金的建账管理，从而有效地提高工程安全管理，全方位的提高、控制道路桥梁的工程，确保工程质量，促进道路桥梁的建设发展。

（二）完善工程监督机制

在道路桥梁的施工过程中，施工单位要完善相应的监督机制，强化工程监督，进而确保工程质量。建立全程监督机制，对施工过程中的每一环节进行严格监控，确保上一环节与下一环节的有效衔接，进而确保整个施工质量。

施工材料与设备的质量问题，是整个工程的基础保障，因此，在加强监督管理的同时，也要加强对材料与设备的监督管理。加强对材料的采购、存放管理、使用等方面的监督管理，确保采购质量合格的材料，对材料进行分类管理，实行使用登记制度，从而避免造成不必要的浪费。加强对设备的维护、保养工作，实行定期修检，对设备进行及时的修理、维护、保养、更换等，从而确保设备性能安全，避免因设备问题造成的工程质量问题。

（三）加强施工人员的培训工作

施工人员的素质直接影响着整个工程的质量问题。因此，施工单位要加强对施工人员的培训工作。开展思想政治讲座，提升施工人员的思想和政治觉悟，进而树立端正的工作

态度。加强技能培训，引进先进的施工工艺与施工技术，聘请专业技术人员讲授，提升施工人员的整体技能。提升施工人员的综合素质与综合能力，进而提升施工效率，保障施工质量。

综上所述，道路桥梁建设是道路建设的基础，是交通建设的重要组成部分，加强对道路桥梁施工技术质量控制，采用多种方式来进行及时有效的控制。加强管理体系的建设，完善施工监督机制，加强工程监督，加强施工人员培训，从全方面、多角度来解决道路桥梁建设过程中的问题，从而确保工程的施工质量，进而有效推动我国道路事业的发展，促进我国经济发展。

第七节　道路桥梁施工注意事项

近年来，尽管道路桥梁设计水平有了很大的提升，而且能够更好地解决桥梁在设计及施工过程中存在的问题，但随着道路桥梁施工要求明显提高，要想保证桥梁运行安全性、可靠性明显提升，从而促进道路桥梁项目朝着更加长远的方向发展，设计人员就应做好各个阶段的设计工作，严格检查设计要点，不断优化设计结构，以便优化施工流程及施工方案。

道路桥梁路基路面破损严重。车辆在运行过程中，常常会发现刚刚修建好的道路桥梁过渡段的路基路面就已被严重损坏，而且路面破裂非常严重，这对人们日常出行会产生很大影响。路基属于道路主体工程与路面的基础，直接贯穿整个道路的全线，和道路隧道、桥梁相互连接，而且它和路面一同承受行车荷载作用。道路桥梁路基路面施工质量对道路桥梁的质量及使用寿命会产生直接影响，假若路基不够牢固，那么所承载物就会伴发各种问题，这是因为施工人员在实际施工中，仅仅关注路面是否平整，而忽视了路基是否夯实，并且大多数道路桥梁的施工材料配比、温度改变、收缩性等，很难达到标准的技术要求。与此同时，温度改变也易引起材料膨胀、收缩、裂缝等方面的问题，对道路桥梁路基路面会造成严重损坏。

道路桥梁的耐久性较差。一直以来，道路桥梁所起到的作用就是对交通方面的承载，即从交通方面作进一步分析，在道路桥梁使用会产生很大的影响，而后是环境对于道路桥梁运行时所产生的影响，以上因素对桥梁使用年限均会产生不同程度的影响，尤其是道路桥梁设计耐久性对使用寿命的影响最大。耐久性指的是一个道路桥梁中针对载荷及其他影响因素的一种抵抗能力，特别是环境侵蚀、交通压力、自重等因素影响较大，因受到各种各样的原因导致桥梁道路中的结构发生细微损伤，均有可能会慢慢演化为更加严重的一种结构损伤，从而影响整个道路桥梁设计结构及施工质量。抑或是由于道路桥梁设计与施工过程中，因设计人员的经验不足或是其他因素，这些很有可能因环境造成的细微损伤，则往往会被设计人员或是施工人员忽视，于长期施工和后期使用过程中，所引发的问题会慢慢扩大，且渐渐暴露出来，从而产生道路桥梁质量方面的问题。

现阶段，在道路桥梁设计与施工中，具体的设计、施工项目还是依靠人力操作，但是整个设计和施工环节又较为复杂，这也就常常会致使施工人员在实地施工时，发生各种失误，使得设计、施工准确度明显降低，从而影响整个项目施工质量，抑或是施工人员自身专业能力不足、设计人员的设计理念出现问题等，均会影响整个桥梁设计与施工，对此，施工单位需要对道路桥梁的设计和施工相关的注意事项重点关注，展开积极管理，具体表现在以下几方面：

道路桥梁过渡段路基路面施工注意事项。在道路桥梁过渡段的路基路面施工及建设过程中，时常会遇到软土地基，由于软土地基的承载能力非常差，容易发生伸缩缝以及路基沉降等现象。因此，在实际的道路桥梁过渡段施工过程中，一旦遇到软土地基方面的问题，施工人员就应该依据实际施工状况，来选择科学、合理、专业的施工方法、施工技术来加固道路桥梁。加固道路桥梁过渡段路基路面的软土地基，可以更好地解决伸缩缝方面出现的问题，而且在实践过程中，比较有效的软土地基的处理技术非常多，主要包括重压法、表层处理法、垂直排水固结法、换填法、其他软基处理施工技术等。施工单位在对道路桥梁的路基路面进行专业施工时，可以依据路面实际使用情况，不断改善整个地基性能，从而提高地面承受能力，同时减少路基沉降，这样可以确保道路桥梁与路堤之间产生的沉降差降到最低。在处理一些软弱地基时，可以先改善整个路面地基功能来提升地基的荷载承受能力，把路堤与桥台之间的沉降差降到最低。除此之外，施工人员也可以在道路桥梁桥头处选用支撑连续板、轻质填料、桩板法等做相应的处理，从而加固整个桥梁过渡段路基路面的软土地基。

道路桥梁耐久性设计注意事项。道路桥梁设计过程中，最先要做好的就是结构设计，而后是对结构进行分析，最后才是设计构件、连接，但是大多数的道路桥梁设计人员在实际设计中，常常只局限在规范整个结构强度及安全性方面的需求，从而忽视了从结构自身性质、结构材料、结构维护、结构体系以及结构耐久性等方面的桥梁设计，从整个施工直至使用这一过程，经常会出现各种因素而影响桥梁结构可靠性及安全性。

比如，部分道路桥梁结构的整体性、延性较差，冗余性非常小，缺乏明确的计算图公式与受力路线，致使局部受力明显增大；部分混凝土的强度等级较低，而且保护层的厚度很小，钢筋直径较细、构件截面较薄等，以上因素对桥梁结构的耐久性均会有很大影响，从而使结构安全性受影响。大部分的桥梁尽管能满足设计规范强度要求，但随着使用时间延长，桥梁的耐久性就会慢慢出现问题，从而影响桥梁使用年限，对此，如何进一步增强道路桥梁结构的耐久性是当前需要重点研究的一个问题，但是在具体的道路桥梁设计过程中，需要综合、全面地考虑整个桥梁结构构造、材料等方面的因素，从而采取安全、高效的措施增强桥梁结构的耐久性设计。

道路桥梁根据地勘资料进行设计与实地现场存在差异应注意事项。道路桥梁设计过程中，原始资料的收集极为重要，它包括现场定线和桥位方案，而地勘部门需根据桥位方案来定钻孔位，在地勘资料出来后，设计部门才根据地勘资料进行桥梁基础的设计与验算。

地勘不能对所有基础地质进行钻探，所以在施工单位单位基础挖到设计标高后，设计和地勘部门需对实地基础进行查看，确定是否可以下基或超深基础，增加嵌入等。这就是设计后期服务的其中重要一项，另外后期服务还包括第一次工地列会的技术交底、桥梁重要结构施工方案的审查和现场指导、施工完成后的验收等事项。

道路桥梁施工的注意事项。道路桥梁在具体的使用、建造过程中，与运行安全性和施工环境、施工条件、施工对象类别、施工构造、施工布局等因素有直接关系，因此，道路桥梁设计人员需要从新思想、新技术、新观点、新材料等方面，不断规范整个桥梁结构设计，确保所设计出的施工方案与施工要求相符，从而保证施工质量。因此，除了要做好对道路桥梁施工质量的安全、有效管理之前，施工单位也需要对桥梁的整体设计理念、具体结构体系、构造角度等方面展开专业设计，确保工程项目得以安全、顺利的施工，以从根本上提升整个道路桥梁设计及施工质量，从而延长桥梁使用年限。

综上所述，随着国内交通事业不断发展，在很大程度上推动着道路桥梁项目的进一步发展，因此，桥梁设计人员如何在充分满足道路桥梁结构需求的条件下，合理化、规范化、科学化的设计道路桥梁，已成为当前道路桥梁设计、施工的核心内容。通过以上分析当前桥梁设计要点及施工优化措施，对之后同行进行道路桥梁设计及施工可提供更加可靠的参考资料。

第六章　道路桥梁施工管理

第一节　道路桥梁施工管理问题

道路桥梁建设在一定程度上影响着区域经济的发展，改变着人们的生活方式，提升人们的生活品质。目前各种道路桥梁施工事故频发，这就需要完善道路桥梁施工管理，因此本节分析道路桥梁施工管理的作用，分析道路桥梁施工管理所存在的问题，并提出相应的解决措施，从而提升道路桥梁施工管理施工管理水平。

一、道路桥梁施工管理中存在的问题

（一）施工管理意识薄弱，施工管理流于形式

在道路桥梁施工过程中，很多施工工地管理人员都缺乏一定的施工管理意识，具体表现就在于施工管理人员对物料管理、工程质量、工程安全及进度缺乏一定的重视，导致在施工过程中出现种种的纰漏，不利于道路桥梁施工建设的安全性及其质量，不利于工程进度的掌控。另外，道路桥梁施工管理制度建设不完善，其中主要包括施工管理人员配备不符合工程实际情况，施工管理人员在具体的工作中存在着权责不分的情况，从而导致施工人员在施工过程中没有切实履行职责，从而使得在道路桥梁施工管理过程遭遇重重波折。

（二）混凝土及钢筋等施工材料问题，施工材料管理不合格

为了追求经济利益最大化，很多道路桥梁施工管理人员在施工材料采购之上倾向于采购较为低廉的施工材料，同时有些施工人员对原材料的保养维护及其配比上存在着问题，导致施工材料成为施工安全隐患的因素之一。其中混凝土所造成的裂缝问题，以及钢筋材料造成的腐蚀问题，在施工材料中最为突出，首先是混凝土，由于混凝土本身问题，导致混凝土产生水化反应，再加上内外温差较大，致使道路桥梁出现裂缝问题；此外，由于施工人员在进行混凝土配比时，没有依据道路桥梁施工工程实际情况进行配比，而单纯地依靠经验来操作，致使道路桥梁出现裂缝问题。其次是钢筋，除采购人员采购较为劣质的钢筋材料导致腐蚀外，很多施工队伍在采购完钢筋之后没有对钢筋材料进行防腐蚀保护，从而在遭受雨雪天气时，钢筋材料较容易出现腐蚀情况，继而影响钢筋寿命。

（三）施工过程安全性问题，且存在施工进度质量问题

在道路桥梁施工过程中，由于施工管理者安全意识薄弱，再加上现场施工人员众多，如果没有一套完善的人员管理措施，势必会造成施工现场的混乱，继而影响施工顺利开展，严重的还会造成安全事故，因而施工现场安全管理是十分重要的。

二、道路桥梁施工管理中存在的问题的解决措施

（一）强化施工管理意识，建立完善的道路桥梁施工管理制度

目前在很多道路桥梁施工队伍管理者，其施工管理意识不强，施工管理流于形式，这就为道路桥梁施工埋下了隐患，使施工不能顺利进行，严重影响工程质量及工期进度。因而作为施工队伍管理者，应提升施工管理意识，应在物料采购及管理、工程质量、工程安全及进度上多下功夫，从而使物料采购符合要求，保证工程安全，保障工程质量及进度。除此之外，还需要建立完善的道路桥梁施工管理制度，也就是需要完善工地人员设置，合理划分工地各部分权责，建立奖惩机制及激励机制，从而提升各部门人员责任意识，提高工地人员工作积极性，促进施工顺利进行。

（二）落实采购环节规范性，加强施工材料管理

混凝土及钢筋是道路桥梁施工中的重要建筑材料，一旦混凝土及钢筋材料出现了问题，就会影响整体的道路桥梁工程质量。目前很多道路桥梁出现裂缝问题或结构性差的问题，都与这两样建筑材料息息相关，而造成工程质量问题的原因，一是在于采购价钱较为低廉的施工材料，二是在于施工人员管理维护及配比操作等方面经验缺失，因而为了避免因为施工材料问题造成的工程质量问题，就需要从以下方面入手，即加强施工材料采购环节的规范性，在注重施工材料质量的前提下保证施工材料价格低廉，从而落实施工材料成本管理，保证施工材料性价比；加强施工材料的维护工作，比如钢筋材料，需要做好防腐蚀工作，从而避免出现由于管理维护不当而造成的原材料质量下降；在配比混凝土等原材料时，不能一味地按照经验进行配比，还需要考虑到道路桥梁工程的差异性，以及天气及环境的差异性，结合各个工序对混凝土的要求，同时还需要完善混凝土搅拌技术，从而使混凝土配比更为科学合理，避免出现裂缝现象。

（三）重视施工过程的安全管理，加强施工质量管理及进度管理

道路桥梁施工现场人员过于复杂，必须得注重施工现场的安全管理，比如定期在施工现场开展安全培训讲座，在施工现场设置安全警示标志等。这是由于科学的人员管理有助于工程顺利进行，有助于提升工程整体进度和避免意外事故发生，有助于保障人员安全。除此之外，施工质量管理及安全管理也尤为重要。落实施工质量管理，就需要选择合适的施工方法及施工工艺，确保施工的经济性及适用性；在施工过程中，应注重结合施工实际情况对施工工艺进行合理科学的调整，以确保顺利施工，保证工程质量；同样在施工过程

中，如果发现质量问题，应考量问题出现的原因，然后制定具体的修复方案。落实施工进度管理，就需要在施工之前制定完善的施工进度纲领，在施工过程中严格按照施工进度纲领进行操作。

道路桥梁施工过程过于复杂，这就需要完善的施工管理，从而保障其施工质量，这是由于完善的道路桥梁施工管理，关系着整个道路桥梁建设质量和道路桥梁的安全性及稳定性。因而本节对当下道路桥梁施工管理所存在的问题进行分析，并提出改善建议，从而确保施工过程的顺利进行。

第二节　道路桥梁施工管理养护

道路桥梁工程对我国的经济建设具有积极的促进意义，尤其是在当前的时代背景下，我国城市化进程加快，道路桥梁工程数量增多，需要加强重视力度，才能促使行业稳定发展。

一、道路桥梁施工管理养护的重要性

道路桥梁施工管理与养护属于一项长期的工作，其主要的工作目标是提升桥梁工程的质量，通过合理的养护消除其安全隐患，并解决存在的问题，延长道路桥梁的使用寿命，提升工程经济性，满足当前时代发展需求。受道路桥梁自身的性质影响，其结构较为特殊，需要长期承受负荷压力，因此导致其局部设施容易出现损伤，此时其损伤对道路桥梁质量产生的影响较小，但需要及时进行处理，以避免其损伤逐渐扩大，最终造成道路桥梁结构损坏，形成安全事故，道路桥梁施工对于我国交通运输行业发展影响较大，也是当前建筑行业的重点内容，工作人员在日常工作过程中，应及时对道路桥梁病害问题进行诊断，及时采取有效的措施进行维护，以延长道路桥梁使用年限寿命，提升工程经济效益。与此同时，合理进行道路桥梁施工管理养护，既有助于降低道路桥梁安全事故的发生概率，又可以消除道路桥梁自身质量对行车产生的负面影响，还能避免出现道路辙痕、桥头跳桥等现象。因此必须加强道路桥梁施工管理养护，消除其存在的风险，保证道路桥梁的耐久性与安全性提升，为人们提供优质的出行服务。

二、道路桥梁施工管理养护的特点

在道路桥梁施工管理过程中，由于其自身的性质较为特殊，要求工作人员严格按照当前的施工标准进行管理，保证施工技术的安全合理，从整体上进行完善，以提升道路桥梁工程质量。在进行道路桥梁养护过程中，其自身具有一定的强制性，需要定期进行检查与养护，以保证道路桥梁安全隐患与问题得到及时的解决，消除外界因素产生的影响，为人们提供优质服务。道路桥梁施工管理与养护涉及的内容较多，范围较广，例如不仅包括日常的道路桥梁养护与修复，还包括当前的环保设施管理与生活服务等工作，从整体上提升道路桥梁质量，与此同时，道路桥梁施工管理养护方式呈现明显的主动性与时效性，需要在操作过程中遵循相关的原则，建立规范的管理养护流程，保证其技术具有较强的专业性，灵活应用现有的新工艺与新材料优势，延长道路桥梁的使用寿命，促使城市化进程加快。

三、道路桥梁施工管理养护的有效策略

（一）积极提升道路桥梁养护工作人员的综合素养

根据当前我国道路桥梁施工管理现状，应积极建立高素质道路桥梁施工管理养护队伍，设置完善的养护机构，充分发挥出人才的优势，定期进行道路桥梁检验，制定完善的养护管理计划，以满足当前发展需求。例如，现阶段我国对道路桥梁施工养护队伍建设重视力度不足，部分工作人员专业水平素养较低，难以实现高质量的道路桥梁养护，因此应积极进行人员培训，定期开展相关的基础知识课程，促使工作人员通过培训提升自身的综合水平能力，加强对道路桥梁施工管理养护的认知，充分发挥出自身的作用，灵活应用先进的方法与理念，及时处理道路桥梁中存在的问题，积极开展日常的维护工作，保证道路桥梁质量，为人们提供优质的服务。与此同时，还应积极引进先进的技术人才，通过人才带动技术创新，发挥出新技术优势进行道路桥梁养护管理，从整体上提升工作质量，满足当前的需求。

（二）积极落实道路桥梁施工管理养护工作避免形式化

现阶段，我国部分地区在进行道路桥梁施工管理养护过程中，存在明显的形式化情况，其工作落实不足，导致道路桥梁中经常发生安全风险，甚至部分道路桥梁问题原本对道路桥梁质量影响较小，但由于长期未能及时进行处理，导致其问题进一步扩大，造成不良的影响，最终形成较为严重的安全问题。因此，应积极落实道路桥梁施工管理养护工作，制订完善的养护检查计划，及时发现道路桥梁中存在的微小病害，采取有效的措施进行处理，将安全风险消除在萌芽中，以保证道路桥梁整体质量。相关部门应加强监督，与工程单位、技术部以及监理单位进行合作，从整体上进行工作落实，满足当前的需求。加强资金的投入力度，从整体上进行养护，定期进行道路桥梁加固、维修与养护，并预留充足的资金进行修缮，为我国的道路桥梁工程发展奠定良好的基础。

（三）建立完善的道路桥梁养护档案并积极进行加固维修

道路桥梁施工管理养护属于一项长期的工程，因此工作人员应建立完善的养护档案，针对其道路桥梁存在的问题进行详细的记录，并进行合理的保存，为以后的道路桥梁施工管理养护提供精确的数据资料，以满足时代发展的需求。制定完善的安全问题应急方案，加强对道路桥梁施工管理，并保证各个环节安全，选择合理的方式施工，从根本上杜绝施

工安全隐患对工程质量产生的影响，提升管理质量。与此同时，积极对现有的道路桥梁进行加固维修，如加固混凝土墩台、加固混凝土结构、加固桥基础、加固桥面铺装层等措施，采取有效的措施进行处理，并消除道路中存在的裂缝，灵活应用新材料与新工艺进行处理，避免小病害变为大病害，其提升道路桥梁质量。

综上所述，在当前的时代背景下，我国应加强对道路桥梁施工管理养护的重视力度，从整体上进行完善，制定合理的养护管理制度，定期进行道路桥梁质量检查，针对现有的病害应积极进行处理，避免其扩大影响，培养高素质人才，积极加大养护资金的投入力度，充分发挥出人才优势，以保证道路桥梁质量性能符合运行标准。

第三节　道路桥梁施工管理裂缝处理

针对道路桥梁施工管理中裂缝处理现状进行有效分析，结合道路桥梁工程实例，详细介绍道路桥梁施工管理中裂缝的重要性和道路桥梁施工管理中裂缝产生原因，提出道路桥梁施工管理中裂缝处理措施，希望能够给相关工作人员提供一定的借鉴。

最近几年来，伴随我国道路桥梁工程建设数量的不断增多，道路桥梁施工管理中的裂缝处理问题越来越突出，为了保证道路桥梁中的裂缝得到更好的处理，延长道路桥梁的使用寿命，工程中的施工管理人员要结合道路桥梁裂缝特点，不断引进先进的裂缝处理方法进行处理，进一步提升道路桥梁结构的稳定性与安全性，防止道路桥梁工程出现结构失稳现象。鉴于此，本节主要分析道路桥梁施工管理中的裂缝处理要点。

一、妥善处理道路桥梁施工管理中裂缝的重要性

在道路桥梁施工管理过程中，通过妥善处理裂缝，能够保证道路车辆能够更加安全地运行，有效减少道路交通安全事故的发生。为了保证道路桥梁施工管理中的裂缝得到有效处理，施工管理人员需要结合道路桥梁结构特点，合理控制交通荷载，在保证道路车辆稳定运行的基础之上，减少裂缝的出现。由于我国道路桥梁工程的建设规模比较大，在一定程度上增加了施工管理难度，因此，工程中的施工管理人员要充分认识到施工裂缝对道路桥梁的危害，对原有的裂缝处理方案进行优化处理，进一步提升道路桥梁结构的可靠性，满足人们的出行需求。

除此之外，通过妥善处理道路桥梁施工管理裂缝，能够有效降低道路桥梁工程施工风险的发生概率，保障施工人员的人身安全。在道路桥梁施工管理过程中，由于施工方法不合理，道路桥梁表面很容易出现较大裂缝，降低道路桥梁结构的承载能力，影响道路车辆的正常运行。通过对道路桥梁施工管理裂缝进行妥善修复，能够有效减少道路交通安全事故的发生，保证道路车辆能够安全运行，提升道路桥梁工程的总体效益。

二、道路桥梁施工管理中裂缝产生原因

（一）道路桥梁载重较大

如果道路桥梁的载重过大，不仅会降低道路桥梁结构的可靠性，而且很容易引发严重的裂缝，影响道路车辆的安全行驶。在道路桥梁工程中，由于工程的建设施工规模比较大，需要的施工材料较多，施工管理难度大，如果施工现场中的施工材料堆积过多，道路桥梁工程很容易出现载重较大现象，从而产生较大的结构裂缝，影响道路桥梁施工管理工作的顺利进行。另外，在道路桥梁施工过程中，如果施工设备载重较大，会引发严重的结构裂缝，为了有效减少道路桥梁施工管理裂缝的出现，工程中的施工管理人员要严格控制路面载重，做好施工现场材料布局工作，预防施工管理裂缝的产生。

（二）施工现场管理体系不完善

如果道路桥梁施工现场中的管理体系存在较多缺陷，施工人员经常踩踏各项施工设备，道路桥梁很容易出现负荷裂缝，降低道路桥梁结构的安全性。因此，想要有效减少道路桥梁施工管理裂缝的出现，工程中的施工管理人员应对原有的管理体系进行完善并结合各项施工材料的使用情况，做好施工现场材料布局工作，保证道路桥梁工程施工现场各项材料得到高效应用。例如，在某道路桥梁工程中，施工管理人员通过对原有的施工管理体系进行改进，认真检查混凝土、钢筋等施工材料强度，能够有效减少施工管理裂缝的产生。

（三）施工人员的安全意识较差

由于道路桥梁工程中的施工人员安全意识比较薄弱，会影响道路桥梁工程的整体施工质量，降低工程经济效益。由于道路桥梁工程的施工规模不断扩大，施工现场的施工人员数量较多，使得施工管理难度不断加大，再加上部分施工人员的安全意识较差，会降低各项施工材料的使用率，从而延长工程整体施工周期。为了保证道路桥梁工程中的施工管理裂缝得到妥善处理，施工管理人员要定期对施工人员进行安全培训，有效减少施工管理裂缝的出现，提升道路桥梁工程的施工质量。

三、道路桥梁施工管理中裂缝处理措施

（一）工程概况

某道路桥梁工程全长为 500 m，工程结构比较复杂。由于该道路桥梁工程施工规模较大，增加了工程的施工管理难度，为了有效减少施工管理裂缝的出现，施工人员要运用合理的裂缝预防措施，结合道路桥梁结构特点，不断引进先进的施工工艺，进而保证道路桥梁工程结构更加可靠。

（二）裂缝预防措施

道路桥梁施工管理裂缝预防措施如下：

第一，对道路桥梁工程中的结构负荷进行规范设计与管理，并结合道路桥梁的承载能力，选择相应的施工材料，保证道路桥梁施工负荷得到更好的控制，减少施工管理裂缝的出现。在道路桥梁施工管理过程中，管理人员要结合荷载的布局情况，将荷载进行合理分配，有效避免超负荷现象的发生，减少负荷裂缝的出现。由于该道路桥梁工程结构比较复杂，在进行结构负荷管理时，管理人员要结合道路桥梁施工进度，适当引进先进的施工工艺，为施工人员提供良好的技术支持，有效提升道路桥梁的承载能力，进而减少负荷裂缝的产生。

第二，严格控制道路桥梁施工材料，如果道路桥梁工程中的混凝土、水泥等施工材料管理不到位，在施工的过程中，很容易出现热胀冷缩的现象，引发严重的温度裂缝，降低道路桥梁工程结构的稳定性，因此，工程中的施工管理人员要严格控制各项施工材料质量，并做好相应的筛分工作，进一步提升道路桥梁工程的施工强度。

第三，道路桥梁工程中的施工管理人员要适当加大施工环境管理力度，根据相关研究表明，通过对道路桥梁施工环境进行有效的管理，能够有效预防施工管理裂缝的产生。在道路桥梁施工过程中，施工管理人员要对施工现场环境进行科学管理，允许施工人员在高温环境下向混凝土中加水，保证混凝土中的水分得到有效补充，减小外界环境条件对工程施工质量的影响，避免道路桥梁表面出现较大裂缝。

（三）裂缝修复措施

通过对道路桥梁裂缝进行有效修复，能够更好地提升道路桥梁结构的完整性，保证道路桥梁能够更好地投入使用中。道路桥梁裂缝修复措施如下：

第一，合理应用内部灌浆法，对道路桥梁裂缝进行修复。施工管理人员在实际工作中，一旦发现裂缝，可以安排施工人员在裂缝内部灌入一定量的水泥砂浆，对裂缝边缘进行妥善处理，做好裂缝口封堵工作，进一步提升道路桥梁施工管理裂缝的修复效果。为了保证灌浆法得到有效应用，施工人员需要合理选择裂缝修复浆液，保证道路桥梁裂缝面与浆液有效结合。

第二，对于道路桥梁表面的细微裂缝，如果采用灌浆法，则会降低裂缝的修复效果，因此，施工人员要结合道路桥梁表面细微裂缝的分布情况进行合理的修复，可以在裂缝表面贴补混凝土，由于混凝土具有良好的防水性能，将其贴补到裂缝表面能够将空气与裂缝阻隔开，对道路桥梁结构整体性起到良好的保护作用，有效提升道路桥梁裂缝修复效率。

第三，针对道路桥梁荷载裂缝，施工人员要采用先进的裂缝修补方法进行修复，可以采用预应力法与结构固定法进行修复，保证道路桥梁外观的美观性，提升道路桥梁结构的可靠性。如果道路桥梁荷载裂缝比较大，施工人员也可以采用锚固补充法进行修复，先对道路桥梁裂缝结构进行锚固，再对道路桥梁表面进行裂缝修复，有效提高道路桥梁工程的施工强度。

本节通过详细介绍裂缝预防措施、裂缝修复措施的实施要点，能够帮助道路桥梁工程中的施工管理人员更好地了解裂缝分布特点，提升道路桥梁裂缝的修复效果。对于道路桥梁工程中的施工管理人员而言，要不断学习先进的裂缝修复方法，提升自身的施工管理能力，保证道路桥梁工程中的裂缝得到妥善处理，从而推动我国道路桥梁工程的稳定发展。

第四节　道路桥梁施工管理工作

近年来，我国的经济飞速的发展，在现代的经济发展中，交通运输和物流发挥着重大的作用。交通运输离不开道路桥梁的施工，完善合理的道路就像血管一样为各个地区输送着新鲜的血液。为了保障国民经济的发展，促进社会的进步，保质保量地完成道路桥梁的施工就变成了非常重要的事情。另外，施工的速度和成本的控制在工程量巨大的今天也需要成为控制的方面，综合来看，在施工的过程中，技术固然重要，但是管理对于工程的整体也是至关重要的。下面就结合工作中的实际经验，介绍一些对于道路桥梁施工管理的研究。

一、工程项目的整体管理

目前的工程项目都是一些庞大的任务，必须要有科学的管理，以前有很多的盲目的管理，对于工程的整体规划还有一些不和谐的因素。对于工程项目的整体管理，分为三个部分来执行是比较合适的，分别是整体的规划、分阶段的目标制定以及施工过程的进度监督，下面具体地介绍一下。

（一）工程项目的计划制订和综合协调过程

随着工程工作量的加大，项目涉及的部分也在不断增多，如何把众多的部分整体协调的调动起来，以最大的效率完成整个的工程项目是管理工作的重要内容。在科学协调管理的方面，需要有两个方面的注意事项：一是要有一个整体的管理框架，根据以前的施工经验和项目的具体工作内容，实事求是地做好整体的框架安排，明确各个部分的责任和协调工作的流程。这是管理过程最基础的部分。二是现在的工程涉及的影响因素非常多，任务目标的规划不能过分死板，否则一个部分出现问题会影响整个工程的进度和质量。为了解决这个问题，在管理时要有一定的灵活量，方便基层的管理人员根据情况及时地做出调整。为了协调各个部门之间的工作，在材料、劳动力、设备的管理方面都要做好相应的安排。

（二）工程项目各个阶段的任务规划

要想做好一个项目，必须要注意细节。第一部分提到的是宏观的安排和部署，但是在实际的过程中都是由一个个的小目标组成的。第二部分就是工程项目各个部分的规划。在项目中，一般分为施工准备、施工过程、竣工验收以及交接后的质量保障这几个部分。在各个阶段的维护中，要从项目的具体内容出发，结合管理经验，将工作的内容具体化，不能是一带而过的安排。对于工作的细节作出部署，人员的职责上精确到人，每项工作都要有指定的责任人，在各个部门职责的安排上，要适当地做好分配工作，既要方便施工，又要各个部门之间相互制约和监督，避免责任事故的发生。最后，要设立相关的责任监督和信息反馈机制，要根据出现的问题及时地在管理方面做出调整，适应项目的情况。

（三）工程项目的过程控制和进度的监督

一个完美的部署如果没有可靠的执行也是不行的，所以第三部分是施工过程的监督和管理。在这个部分也是两个方面的重点：一是要管理施工的进度。工期在施工管理中是一个非常重要的方面，分阶段地做出监督，避免到最后发现不能竣工。二是要监督施工过程中工程完成的质量。施工的过程是环环相扣的，路基的环节出现问题，必定会影响工程的整体质量，轻的话会造成工期的延误，严重时会导致出现后果比较严重的责任事故。管理工作的内容是需要及时了解工程的进展和完成质量，保障完成的部分都是合格的，在施工过程中如果出现图纸变更的情况，需要及时联系，对于原材料的供应等问题都需要妥善的解决。

二、道路桥梁施工的质量控制和管理

施工的最终目的是建成一定规格质量的工程，更好地服务社会。所以，工程的质量必须要切实的保障。不能以牺牲工程的质量为前提来加快工程的进度。

（一）施工前准备工作的质量控制

施工的管理者不是施工的执行者，所以在施工前的准备工程中要做好精神的传达工作。强化工人的责任意识和质量意识，从中层管理到基层管理和施工的工人，每个人都要牢固树立质量意识，在施工过程中不能怕麻烦而偷工减料，对于全员的质量教育工作一定要保障到位。

（二）施工过程的质量控制

对于管理工作而言，施工过程的质量控制是两个方面的内容。一方面，管理工作要有一个合理的规章制度。没有规矩不成方圆，在工程的开始就要制定相关的规章制度，在没有特殊情况时，要按照制定的规章制度办事。质量保障制度的建立是保障质量的先决条件。另一方面，要落实指定的规章制度。不执行的规章制度和废纸是没有区别的，在施工过程中，安排不定期的抽查，结合定期的检查，并安排一定的奖罚制度，可以保障规章制度的可靠执行。

（三）施工进度的控制

施工进度的控制是保障工期的一种重要方式。在施工进度的控制问题上，要根据现场情况，定时跟踪工程的完成情况，核实工程的完成情况和质量，在一定的限度内，要尽量增加检查的频率，这样方便及时发现问题。当进度偏慢或者质量不达标时，要和相关的技术人员及时开会讨论解决的办法，合理的调度保障工程的进度。

（四）施工成本的控制

施工单位作为企业，完成工程的最终目的是要有一定的盈利，为了竞标要压低价格，所以如何科学地降低成本成为增加盈利的一种重要方式。下面分为三个方面，详细地介绍一下。

1. 在施工工艺和工序的安排上做文章

在科学技术发展迅速的今天，施工工艺的发展和工序的改善取决于科学技术的进步。一般情况下，运用先进的施工工艺和合理的工序，在一定程度上可以降低施工的成本，要求在施工时要尽量关注科学技术的发展，利用新型的技术，采购一些效率比较高的设备，这都是降低成本的方法。

2. 在施工的进度和质量上做文章

施工的进度和质量的保障也是降低成本的方式。在较短的时间内完成一个项目可以让企业投入其他的项目中去，另外，以较短的时间完全可以降低工人的成本，工人的工资一般是按照时间结算的，所以，时间越短，工人的工资部分就越少。此外，如果工程的质量得到了保障就没有重施工和修复工作，这也是降低成本的方法。

3. 在原材料方面做文章

原材料的开支是工程开支的一个重要方面，要想办法降低原材料的价格。在购买原材料时要货比三家，选择质量合格而且价格低的厂家购买，在原材料的使用和运输过程中，要尽力减少浪费，适度地减少原材料的用量，这就可以节省出一部分钱。

三、施工过程的安全管理和控制

安全生产至关重要的一部分。安全生产是我们提倡的一种理念，为了保障安全生产，要做好以下几个方面的工作:（1）做好足够的安全教育工作，不能有麻痹大意的心理。（2）在醒目的位置悬挂警示标语，时刻提醒工人注意安全。（3）根据施工的具体情况，安排合理的制度和工序，确保在正常施工的情况下不会发生安全事故。（4）设立适当的监督，及时发现危险，防患于未然。

道路桥梁的施工管理是非常重要的，管理是一个涉及方方面面的问题。根据现场情况的反馈，管理的手段和方式内容也需要不断完善，做到与时俱进，适应时代的发展，作为管理者也要不断地研究学习，以更加完善的管理来面对可能发生的问题。

第五节　道路桥梁施工管理优化

目前为止，受经济发展水平迅猛增长的影响，我国城市化进程不断加快，与此同时，也带动了交通运输行业的快速发展，在此基础上促进了我国交通建筑行业的发展，包括道路桥梁建设的发展。从某种角度来看，建设道路桥梁工程是很重要的，就人类出行而言，交通方面起到了很大的积极作用。另外，道路桥梁的良好发展态势也间接地反映了我国城市化进程的加快，以及人民生活水平的提高，甚至反映了我国国民经济发展水平的提高。所以，在道路桥梁施工工程进行工作之前，每个单位或者每个企业都应做好充足的准备工作，在准备期间应提早掌握各种情况，并且提前做好准备，制定好合理的策划。在施工之前就制定出一个好的策划是必不可少的，这有利于施工工作的顺利开展，同时，促进施工能更好地进行下去。一份优秀的策划不仅有利于施工的顺利开展工作，同时，在施工过程中，也能最大限度地为企业施工节约成本，提高资源利用效率，为企业减轻经济负担。做好策划准备工作后，就要考虑施工进行过程中出现的种种问题了，在施工进行过程中，要做好监督工作，合理针对具体情况制定出不同的详细的解决措施。

一、影响因素

（1）施工过程中会受到施工所需用到的材料问题的影响。不管进行什么工作之前，都应在材料准备工作上多下功夫，在施工工作开展之前，应仔细认真地妥善选择好所需的材料器材，尤其是用于建筑材料的选择。如果前期在建筑材料上的选择出现了问题，质量不能得到很好的保障的话，那么建筑物或者说是道路桥梁的建设一定不会符合国家的标准，从而出现不合格的情况。就当前情况来看，单从我国来看，我国建筑行业市场提供的供施工使用的材料普遍不太合格，且有很多产品不符合国家标准，存在着或多或少的质量问题。以市面上经常出现的"瘦身"的钢筋材料为例，经过特殊处理的钢筋在其外形上是达到了要求的"瘦身"处理，但也存在着严重的质量问题，一旦投入使用，势必会引起严重的后果。如果企业在选择材料上盲目选择不考虑质量问题，就会直接影响后期道路桥梁工程的整体效果，严重情况下会导致工程因质量问题而出现重大事故，造成无法挽回的损失。

（2）受人为原因的影响。在人为方面出现问题的话，主要问题将会出现在高层指挥人员、行政监督人员，以及施工人员身上。在这些与建筑施工息息相关的人身上，有很多人并不懂工程的具体事项，只凭感觉进行工作，普遍会出现专业素养低的情况，从而造成工程施工进展缓慢甚至出现问题。近年来，我国的建筑施工工程行业不断出现问题或者故障，在很大程度上是由于相关的工作人员、管理人员、执行人员普遍专业素养偏低导致的。就施工的工程管理人员来说，他们在工程施工过程中起着较大的影响作用，他们专业素养的高低也很大程度上决定了工程是否可以顺利完工，以及工程是否能够安全高效地进行下去。

（3）受机器设备影响程度较高。就企业在选择工具来看，机械设备的选择是不可避免的，在很大程度上，选择良好的机械设备能够极大地促进工程的进展，这是因为优秀的机器设备不仅自身具有较高的工作效率，而且工作过程时间较为节约，促进了过程进展。但是，对于机械设备的使用方面，也要注意很多的问题，首先，机械设备不同于人工的方便管理，在一定时间内，要对其进行检查维修工作。其次，在平时的使用过程中也要注意及时保养工作，保证机械设备完好无损以便下次使用。

（4）受外界环境影响。受外界大自然环境的影响，施工队在进行道路桥梁的施工过程中需要面临很多的考验与挑战，首当其冲的就是受到自然环境的影响，在自然风吹、日晒、雨淋等环境的影响下，就加大了施工的难度。

二、主要解决措施

（一）对混凝土的标准进行严格要求

最重要也是最先进行准备的工作是要仔细选择施工需要的混凝土。第一，在选择过程中要仔细考虑到混凝土中水泥的质量情况，在满足其标准的同时尽量选择质量较高的水泥用于施工过程中。第二，在施工过程中，相关工人必须按照强度等级抗渗等级配比混凝土，还要充分控制好混凝土入模时的温度，进行分层浇筑以及设计合理的养护措施，通过在混凝土表面覆盖草席草帘等确保降低温度应力，避免混凝土出现温度裂缝；第三，在浇筑混凝土时一定要振捣充分，尤其是腹板内预应力管道比较集中的地方更要做到不欠振不漏振，确保混凝土浇筑密实。

（二）质量工作要严格把关

施工企业在开始施工之前应提前做好准备工作，在施工之前做好勘探测量的准备工作。在进行放线去确定位置的步骤时不能出现错误以及大的误差，在进行过程中，尽量做到准确严密，避免因出现过大误差引起工程差错。这个过程对工人的技术要求比较高，对其技术能力考验较大，因此，这就要求工人拥有良好的专业技能以及能够进行较高的操作。所以，施工企业在施工过程中必须严格按照设计进行行动处理，从混凝土的振捣、养护到预应力的张拉等都要严格管理和控制，以确保桥梁结构的承载能力。另外，还要着重注意桥梁外观的美观平滑，不能出现由于施工手段的缺陷或混凝土振捣不均而引起的外观质量欠缺。

道路桥梁的设计工作以及施工过程还需要更完善的处理，同时，也要求更好的优化措施从而更好地促进工程建设以及社会的城市化进程。

第六节　道路桥梁施工管理控制要点

在论述道路桥梁项目控制要点的基础上，结合实践经验和道路桥梁的施工与使用要求，分析道路桥梁施工管理要点，提出包含加强施工安全管理、构建完善的质量保证体系、加强质量控制管理、优化施工环境条件等在内的具体措施，以促进道路建设持续发展。

道路桥梁是道路工程的重要组成部分，也是常见的混凝土工程类型之一。如果道路桥梁施工管理不到位，则容易产生裂缝等一系列问题，不仅影响桥梁质量，而且还有可能引发安全事故。因此，必须对桥梁施工管理给予足够重视，根据桥梁施工特点，明确施工管理的要点和方法。

一、道路桥梁项目控制要点

（一）进度控制

施工前项目部需对工期进行倒排，同时制订进度计划表，明确施工主要线路与影响进度的重点工序，将二者作为进度控制的关键。在施工过程中，要严格按照进度计划进行操作，编制完善的阶段性计划网络，并对计划完成情况进行检查。

（二）技术管理

道路桥梁的施工技术要求很高，并且在施工中还需充分考虑地形、地质与气候等外界环境因素，通过技术调整克服各种施工难题，这对顺利完成项目十分重要。基于此，项目部需要成立一个专门的技术攻关小组，一方面根据工程实际情况，结合桥梁设计和使用要求，制定合理的技术方案，为施工提供可靠技术支撑；另一方面要始终坚持创新，改进现有施工技术，推广新技术，全面提高施工技术水平。

（三）质量控制

质量控制是道路桥梁项目控制的关键所在，如果施工中缺乏有效的质量控制，极有可能造成裂缝等质量问题。以裂缝为例，裂缝在道路桥梁等混凝土工程中十分常见，裂缝一旦出现，不仅降低混凝土强度，缩减承载能力，而且在持续受力状况下还会造成变形、坍塌等事故。混凝土裂缝保持在标准限度以内，则不会对结构性能造成太大影响。

混凝土裂缝成因有以下几种：

（1）材料存在质量问题，如水泥标号过低，存放时间长，导致水泥发生变质，或受潮导致性能降低；骨料质量低下，为降低施工成本，对骨料实行就近开采，未经检验直接在施工中使用等。

（2）混凝土配比不合理，存在较大随意性，仅凭借个人经验未能按照规范的要求实施配比操作。

（3）浇筑施工中未对混凝土进行有效振捣，或振捣过猛，导致浇筑不均匀，骨料集中、沉塌，而且在养护以后还会出现麻面与蜂窝。

（4）浇筑完成后，水泥放出水化热致使内温急剧上升，热量无法排除造成较大内外温差，形成温度应力，当温度应力超过混凝土极限后出现温度裂缝。

为了避免裂缝问题的发生，必须强化质量控制工作。首先，做好原材料的抽检工作，材料进场前后都要进行抽检，未经抽检或抽检不合格的材料禁止进场使用，以此避免因材料问题引发的质量问题；其次，项目正式开工以后，项目部需将工程目标作为指引，逐步形成以优质、安全和高效作为核心的指导思想，开展质量控制活动；最后，还需建立一套系统的质量与安全管理体系，完善管理制度，以确保工程质量。

（四）安全控制

构建一个以项目经理为核心的施工安全领导小组，根据项目施工实际情况采取有效的安全技术措施，同时对可能形成危险源的施工环节进行准确评估，在施工中严格把控安全。要将施工安全放在重要地位进行管控，确保安全施工方面的费用进行专款专用，通过培训与教育使全体工作人员都树立良好的安全意识，避免不规范操作的发生。

二、道路桥梁施工管理要点及措施

（一）加强施工安全管理

（1）确保施工组织安排的合理性，避免施工人员超负荷工作。道路桥梁施工人员本身工作强度较大，如果施工安全组织不合理，使人员长时间超负荷工作，将造成安全隐患。对此，可采取轮班制的组织方法，在不影响正常施工进度的同时，确保上岗的施工人员精神状态饱满，从而避免由于人员过度劳累而造成的安全隐患。

（2）加强技术培训和职业规范教育，提升全体施工人员专业素质，强调施工操作规范性对确保施工安全和避免安全隐患的重要性，以此减少人员误操作等原因引发的安全问题，并起到加快进度的作用。

（二）构建完善的质量保证体系

（1）施工质量与人员息息相关，施工单位可采取完善的奖罚制度的方式来激发员工工作积极性，严厉处罚施工中可能影响质量的行为，如违规操作、擅离职守与偷工减料等；而对工作态度积极，并能按要求严格落实质量保证措施的员工，则要给予适当奖励。

（2）除施工人员外，各类机械设备也是影响施工质量的关键要素，所以必须做好养护与维修工作。机械设备养护、维修虽然由专业机修人员负责，但机械设备的操作人员也要给予充分配合，在操作机械设备时应认真观察，若发现异常，应及时上报，以此避免质量问题的发生。

（三）加强质量控制管理

（1）发挥试验检测对质量控制的重要作用。在施工过程中，应在施工现场建立一个完善的驻地实验室，同时配置各类试验仪器与专业试验人员，实验室需要实行制度化管理，健全报告反馈制度，将试验数据作为依据确保施工质量。

（2）强化施工验收。工程监理应充分发挥作用，强化施工检查验收，按照技术规程组织施工，每道工序完成以后需在检查确认合格后才能进行下一道工序，做好工序交接记录，深入分析实际存在的问题，对已经完成的分项要在自检以后转交至监理方进行二次审查。

（四）优化施工环境条件

1.采光照明方面

道路桥梁施工露天作业，白天可借助自然光进行施工，无须设置额外照明设备，但要注意在关键部位和危险部位设置醒目的识别标志；夜间若有施工任务需配置充足的临时照明设备，施工前进行照度检测，检测合格后即可安排施工。

2.环境温度方面

夏季时，应尽量避免在中午、下午等高温时间段施工，将一天内主要的施工任务安排在早晨和傍晚进行，以免在高温环境下作业导致施工人员中暑，引发安全问题。冬季则与夏季相反，应将主要施工任务安排在高温时间段进行，并且当环境温度低至不适宜施工时，应临时停止施工直到温度升高后继续施工。

3.现场环境方面

道路桥梁施工现场不仅有大量施工人员、车辆、设备与材料，而且施工中还会产生飞尘与噪声，导致现场环境十分恶劣。为了降低现场环境对施工人员造成的不利影响，确保施工质量和安全，一方面要加强现场环境管理，另一方面要做好施工人员安全教育，佩戴安全帽等防护装备，并通过技术改进从而减少飞尘与噪声。

道路桥梁作为典型的混凝土工程，容易出现裂缝等质量问题，此类问题虽然和施工有直接关系，但基本上都是由于施工管理不到位造成的，尤其是缺乏有效的质量控制。对此，在道路桥梁施工中，首先要明确项目控制的重要意义，认清施工管理的各项要点，然后采取有效措施全面强化施工管理，从而在确保进度、安全的基础上提高施工质量。

第七节　道路桥梁施工管理养护

近些年我国交通事业发展加快，现代化交通量逐步增加，交通荷载不断扩大，对道路桥梁承载力提出了更多更高的要求，所以当前强化道路桥梁施工管理养护以及维修加固是相关部门关注的重点问题。在施工管理以及加固维修过程中，相关施工部门要全面掌握道路桥梁基本现状，针对性应用不同施工技术与加固措施，提升道路桥梁施工安全性，提高道路桥梁结构稳定性，保障当地交通运输事业能稳定发展。

我国道路建设在最近几年发展非常迅速，然而国内不少的道路桥梁已经出现了损坏，对行车产生的影响非常大，除导致舒适性降低外，交通安全也难以得到切实保证。

近些年我国城市化进程逐步加快，道路桥梁工程施工建设范围在逐步扩大。在道路基础项目建设中道路桥梁是重要组成部分，其在长期应用中受到外部荷载作用以及环境要素等影响，其应用质量逐步降低，对交通运行安全性具有较大负面影响。通过规范化的道路桥梁施工管理养护与加固维修能有效提升桥梁安全性，对广大群众人身安全构成有效保障。道路桥梁在应用中会发生不同问题，因此必须要在保证结构稳定的前提下完成结构检测工作，对工程进行养护时，必须要对项目成本予以重点关注，确保施工管理能够真正落实到位。在当前时期，道路桥梁建设的具体要求提高了很多，管理养护、加固维修则是其中的重点所在，同时是全面提升项目安全性的重要保障。

一、道路桥梁施工管理养护特点

从道路桥梁施工管理养护现状来看，在道路桥梁设计过程中需要拟定规范化设计标准。在道路桥梁工程养护阶段，养护操作具有强制性特征，道路桥梁项目建设在现有交通运输网中占有重要位置，所以项目养护过程中要严格遵循各项规范化要求。道路桥梁在施工管理养护过程中，养护对象较多，具有广泛性与全面性特征，要对道路以及桥涵多个结构进行养护管理，还要对项目诸多服务性设施进行养护。在养护中各项措施应用要具有主动性与时效性特征，需要严格依照规定操作程序进行控制，其次养护技术应用专业性较为突出，在各类新材料与新技术工艺应用中，各项综合性养护成本较高，对施工技术人员与管理人员综合素质具有较高要求。

二、道路桥梁施工存在的不足

众所周知，道路桥梁施工呈现明显的综合性特征，整个施工的周期是较长的，所要投入的资金也很大，要依据施工需要选择最为合适的施工技术，对施工质量展开有效的管控，如此方可使得施工质量、施工效益得到切实保证，然而从当前施工的现状来看，有些施工人员的责任意识是薄弱的，管理制度形同虚设，这就导致施工效果无法达到预期。

（一）管理技术不足

在道路桥梁施工的过程中，相关的管理工作是不能有丝毫懈怠的。然而从当前施工的现状来看，有些人员的责任意识十分薄弱，有些施工单位并未构建起可行的管理制度，管理技术的应用也不到位，这就使得施工管理呈现无序的状态，工程质量也就无法得到保证。

（二）养护技术不足

在出现质量病害时，要在第一时间进行修复，同时要将养护施工予以有效落实，这样才能确保道路桥梁的结构更为稳固。然而有些养护单位对于管理是不够重视的，从事养护工作的相关人员也未掌握专业知识，还有就是投入养护施工中的资金无法满足需要，这就使得养护施工的水平难以达到预期。

（三）加固维修技术不足

质量病害的修复和加固是十分必要的，若想使得修复工作有序展开，从事养护维修工作的相关人员就必须要具备一定的综合技能。然而不少的维护人员并未掌握维修技术，这就使得加固维修的实际效果无法得到保证，这样一来，质量病害的修复效果也就难以达到预期效果，道路桥梁的实用性也就变得较为低下。

三、道路桥梁加固维修策略

（一）桥体裂缝处理技术

在道路桥梁施工的过程中，细小的裂缝是较为常见的，如果施工人员对此不够重视的话，那么在投入使用后，在自然因素、车辆运行的影响下，裂缝就会变大，严重时还会发生断裂，所以说，必须要对桥体裂缝予以重点关注，并采用可行的技术进行处理。首先要通过喷涂的方法对表面进行处理，并使用具有一定伸缩性的材料对裂缝予以涂抹，这样可避免雨水造成严重的侵蚀。在对细微的裂缝进行修复时，此种方法是较为适合的，也就是通过黏度较高的浆液对裂缝表面进行喷射，这样就能够形成保护层，实现裂缝的修补。其次可采用注浆、填充法，如果裂缝较大的话，采用表面处理法难以取得理想效果，就要通过注浆、填充的方法来进行处理，一般来说，用于填充的材料主要是水泥材料、抗氧化树脂材料等。最后是要使用黏结钢板封闭法，桥体产生主拉应力裂缝，导致结构变得不够稳定，在对其进行处理时，就可通过黏结钢板来予以加压处理。

（二）加固混凝土结构

在展开混凝土结构施工的过程中，要将损害混凝土予以清除，如果损害面积较大，应该使用高速射水法，并要通过黏结材料来予以封涂处理。如果损害面积并不大，应该通过手工方式来进行清除，锈蚀钢筋的处理一定要做到位；如果损害面积很大，而且呈现一定的深度，对缺损部位进行清理时，要将手动、气动这两种方法结合起来，也就是先完成清洗，继而修补缺陷的部位。

（三）加固墩台基础

对墩台基础进行加固时，要依据实际情况来进行维修。如果水位在 3 cm 以上，要对可能出现的损害展开排查，如果深度在 3 cm 以下，则通过套箱来完成修补。墩台采用的是刚性基础，应该要对基底的底部予以适当增加，对墩台主体进行加固时，则应该在上部、中部以及下部加设三道混凝土围，从而使得主体变得更为稳定。

（四）桥梁加固技术

为了及时地修补道路桥梁的裂缝现象，应该对其表面进行处理，在裂缝表面涂抹填料以及防水材料，提高其防水性，延长其使用寿命。另外，对于宽度较大的裂缝，可以采用有伸缩性的材料进行填补，也可以采用注浆的办法，在裂缝内注入树脂或者是水泥类的材料，加固桥梁，以提高道路桥梁的承重能力。

（五）基础加固维修技术

保证道路桥梁基础牢固是非常关键的内容，因此，应该重视桥梁桩基础维修加固，注重施工现场勘查，掌握现场施工基本情况，严格按要求进行施工和维修加固。在施工过程中应该把握质量控制和技术要点，保证原材料质量合格，增强桩基础的稳固性与可靠性。对存在的质量缺陷，有必要及时采取加固维修措施，最终保证桥梁基础牢固与可靠，让道路桥梁工程更好地运行和发挥作用。

四、道路桥梁施工管理与养护技术

（一）完善施工养护制度

制定健全的养护制度，为有效开展道路桥梁养护施工提供指引，明确养护人员具体职责，增强他们的责任意识，促进道路桥梁养护施工水平提升。

（二）加大养护资费投入

桥梁养护工程是维持桥梁正常运营，延长使用寿命的重要措施，各级交通主管部门需要投入一定的养护资费，其中，在每年的养护工作计划中，都要为桥梁的检查、维修和加固工作保留一定的资金，以备修缮需求。国家对桥梁工程投资重点的倾斜及工程项目集资渠道的多元化，能够为我国道路桥梁工程的发展提供有力的保障。

（三）桥梁养护施工管理队伍建设

我国的桥梁养护队伍目前仍然不够成熟，工人的专业素质参差不齐，专业养护难以完全做到。因此，各级道路部门要高度重视桥梁养护工作，针对养护具体需求培养专业的人才队伍，努力实现专业人员、专门程序和专用方法，将养护管理工作部署到位，能够及时发现和处理各种突发事件，组建一支专业的养护维修团队，能够对桥梁工程进行专业的日常养护，具备进行桥梁小修的能力，向能够进行中修和大修的方向努力。

道路桥梁的维护管理工作一直是桥梁工程关注的重点内容。道路桥梁的管理养护，需要定期对桥梁进行全面评估，及时发现和修缮桥梁病害，控制养护管理，降低养护成本，延长桥梁的使用寿命，确保桥梁工程的质量安全和使用性能。

参考文献

［1］王立平，魏现国，王立英.我国公路桥梁的现存问题及解决措施［J］.价值工程，2011，30（10）：90.

［2］陈捷.浅议如何加强工程施工技术管理［J］.中国高新技术企业，2009（6）：164–165.

［3］张新和，张皓，陈阳.浅析公路桥梁施工安全控制技术［J］.中小企业管理与科技（下旬刊），2012（10）：134-135.

［4］公路桥涵施工技术规范（JTG/T F50-2011）［S］.人民交通出版社，2011.

［5］公路工程质量检验评定标准（JTG F80/1-2004）［S］.人民交通出版社，2005.

［6］杨文成.浅析公路桥梁施工技术与管理［J］.城市建设理论研究：电子版，2013（21）：1–3.

［7］王强，张方.注浆施工技术在公路桥涵路基加固及防渗工程中应用［J］.价值工程，2011，30（22）：90.

［8］侯登峰.公路桥涵路基加固及防渗工程中注浆施工技术［J］.山西建筑，2012，38（22）：218–219.

［9］沈静.灌注桩后注浆施工技术的应用［J］.湖南交通科技，2010，36（2）：114–116.

［10］李方甫.高速公路路基桥涵施工容易忽视的质量问题［C］// 长治—晋城高速公路总结大会专辑.2014.

［11］李斯道.公路桥涵施工中需注意的问题及解决措施［J］.市政桥梁工程科技创新，2003（5）.

［12］吕兆锋.公路桥涵养护与管理的技术措施［J］.民营科技，2015，（2）：102.

［13］林艳.农村公路桥涵工程的养护及管理问题［J］.科技展望，2015，（21）：35.

［14］张之文.浅谈公路桥涵养护与管理应采取的措施［J］.科技视界，2015，（22）：295.